Towards a New Way in Japanese Banking

これからの銀行論

階戸照雄＋加藤孝治 著

勝ち残る銀行員の必須知識

中央経済社

はじめに

　最近，「銀行は構造不況業種となった」という声が聞かれます。これは，一時的なものではなく，経済環境の大きな変化に伴う長期的な不況業種になったことを示します。言い換えれば，銀行業務を行うために必要な費用を上回るだけの収益を安定的に上げることが難しくなっているということです。これからの銀行業界では，この問題を解決するために，大きな変化を実現していかなくてはいけません。この変化の波に乗り遅れた銀行は生き残れなくなるでしょう。また，変化の時代に直面する銀行員は生き残りのために，銀行の仕事とは何か，銀行の仕事を続けるためにどのような知識を身につけておかないといけないかを理解することが大切です。

　本書では，銀行に関係するすべての人たちにとっては今後の銀行のことを考えるためのヒントを，銀行にとっては生き残るための方法を書きました。金融の制度面・理論面からの知識ではなく，これからの厳しい時代に銀行員として生き残るために必要な知識です。男女を問わず，これまでの銀行の仕事の仕方，これからの銀行の変化を探ることができるはずです。銀行の生き残りのための方法論を一人でも多くの銀行員に理解してほしいと考え，金融ビジネスを「経営学の分析ツール」にあてはめて再整理するというアプローチを試みました。経営学的視点から銀行を見ることで，読者が金融機関での仕事を体系的に捉え，次なる時代への応用に活用できるアイデアを構築することに役立ててほしいと考えています。

　本書を読んでほしいのは，まずは老若男女を問わずすべての銀行員です。これは，都市銀行だけでなく地方銀行の行員も含んでいます。また，若手銀行員だけでなく中堅の仕事を任せられている方にも手に取ってほしいと考えていま

4 はじめに

す。若手も中堅も同様に，自分で考えることをしなければ，銀行そのものの変革にもつながりません。銀行のマネジメント層の方も読んでいただければきっと銀行をよくする新しいアイデアが生まれるものと信じています。これからの時代は，与えられた仕事をするだけではなく，自分で考えながら仕事をしなくてはいけません。創造力のある銀行員にならなくてはいけないのです。なかでも，銀行に就職したばかりの若手銀行員にとっては，今後，銀行でキャリアを積んでいくにあたって，自分がやっている仕事を経営学の基本的知識・考え方と結びつけて考えるという習慣を身につけることが不可欠になるでしょう。本書をその第一歩にしてほしいと考えています。

また，銀行と取引をしている取引先の社員あるいは個人で銀行と取引をしている人たちにも読んでほしいと考えています。銀行をうまく使うには，銀行員の考え方を理解することが一番です。本書には，銀行を外から見ている人にとって，銀行員はどのように考えて営業活動を行っているのかを理解するヒントを書いています。私たちが暮らしている社会・経済に対して，銀行がどのような役割を果たしているのか，また，その役割を果たすために，銀行員はどのように考えて仕事をしているのかということが理解できます。また，現在の銀行は大きく変化していますが，取引をしている方々には，その変化の方向性を踏まえて，より効果的な銀行の使い方を考えてほしいのです。理解できれば，銀行を上手に使い，取引において損をしないような方法を身につけることができるはずです。本書は銀行と何らかの関係のある人たちのとるべきアクション，すなわち，どのように銀行員に接すればうまく取引ができるのかについて考えるきっかけとなるでしょう。

そして，もちろん，これから銀行に就職することを考えている大学生の方にも手に取ってほしいと考えています。筆者らは1970年代後半あるいは1980年代後半に銀行業界に就職し，それぞれ約30年間の銀行員生活を過ごしました。30年の間に世の中は大きく変わり，その変化の中で銀行は変化対応してきました。銀行に対する外部からの見方が変わり，内部で働く従業員の意識も変化していったのです。現在，銀行は厳しい環境に直面しているので，就職しないほう

がよいと考える人が増えています。しかし，難しい環境に直面しているということは同時に，新たな成長機会を捉えるチャンスが十分にあることも意味しています。変化のタイミングだからこそ，大きなチャンスをつかむことができるのです。「変えてやる」という気概を持った若い人たちが，銀行の真の姿を理解して，チャレンジし銀行業界を大きく飛躍させてくれることを切に願います。

2019年7月

階戸照雄
加藤孝治

目　次

はじめに・3

序章　今，銀行が直面していること ……………13

第1章　銀行とは何か ………………………………21

第1節　銀行とは何か／22

第2節　銀行の経営理念／26

第3節　銀行が提供する業務／35

第2章　銀行の仕事 …………………………………41

第1節　銀行の社会的役割／42

第2節　間接金融と直接金融／44

第3節　貸出審査のポイント／48

第4節　貯蓄から投資へ／51

第3章　銀行による社会貢献 ………………55

第1節　銀行が担う金融仲介機能／56

第2節　間接金融における仲介者の役割／59

第3節　金融仲介以外の銀行の機能／63

第4節　銀行の各事業部門の業務内容／67

8　目　次

第5節　コーポレート・ガバナンスに関する銀行の役割／77

第4章　環境変化は銀行をどう変えたか ……… 81

第1節　外部環境の変化が銀行経営に与える影響／82

第2節　銀行をめぐる経済環境の変化／83

第3節　銀行と行政の関係／90

第4節　社会的環境変化／92

第5章　銀行産業の競争環境 ……………………… 95

第1節　銀行は儲かる業界か：5つの競争要因分析／96

第2節　企業間の競合関係／98

第3節　買い手の交渉力・売り手の交渉力／103

第4節　新規参入の脅威／108

第5節　代替品の脅威／113

第6章　技術革新によって銀行はどう変わるか

………………………………………………… 115

第1節　情報技術と銀行の関係／116

第2節　人工知能（AI）／118

第3節　ロボットによる自動化（RPA）／123

第4節　ブロックチェーン／127

第5節　技術革新によって変わる銀行ビジネス／131

第7章 今後，銀行がとるべき戦略は何か

·· 135

第1節 差別化戦略の重要性／136

第2節 ブルー・オーシャン戦略／143

第3節 多角化戦略への期待／150

終 章 今，銀行に求められること ················· 157

巻末注・165

付表：戦後の銀行関連年表・171

参考文献・175

索引・177

図表番号

図1　金融機関の種類・19
図2　銀行の役割と経済活動の関係・23
図3　ミッション・ビジョン・バリューの関係・28
図4　明治安田フィロソフィー・32
図5　DBJグループの企業理念体系・33
図6　企業ドメインと事業定義・36
図7　間接金融と直接金融の仕組み・47
図8　ライフプランの中での借入のイメージ・58
図9　信用創造の仕組み・64
図10　資金決済機能について・65
図11　都市銀行の再編図・85
図12　地価と中小企業向け民間金融機関総貸出残高の推移・87
図13　人生100年時代のライフステージの変化・94
図14　ポーターの5つの競争要因分析・96
図15　ディープラーニングの特徴・119
図16　RPA技術の活用による三菱UFJ銀行の業務効率化・124
図17　従来のシステムとブロックチェーンを活用したシステム・128
図18　ブロックチェーン技術を活用して小切手を電子化する実証実験・130
図19　ソニー生命と既存の生命保険会社の戦略キャンバス・145

表1　主な金融機関の数，主な銀行名・18
表2　銀行業界ランキング（2015〜2016年）・34
表3　銀行とは何か（事業定義）・37
表4　各銀行が提供する資産運用「ためる・ふやす」提案商品・54
表5　メガバンク組織内主要部門概要・68
表6　外国為替取引における輸出取引・輸入取引・72
表7　企業間の競合関係における環境評価・102
表8　買い手の交渉力における環境評価・107
表9　新規参入の脅威に対する評価・111
表10　銀行業務における人工知能活用の可能性・120
表11　三井住友銀行の業務効率化とRPA・125

表12　銀行の差別化戦略におけるマーケティングミックス（4 P）の概要・140
表13　ブルー・オーシャン戦略における4つのアクション・146
表14　ブルー・オーシャン戦略の6つの事業化ステップ・149
表15　企業が多角化に取り組む要因・150

コラム
⑴　商業者が担う社会経済的な役割・62
⑵　コーペティション・103
⑶　日本産業における機械化の方向性・121
⑷　イノベーションのジレンマ・133
⑸　3つの基本戦略・137
⑹　製品価値と顧客価値・141
⑺　相補効果（コンプリメント），相乗効果（シナジー）・151
⑻　クロスSWOTとアンゾフの成長マトリクス・153
⑼　近江商人・三方よし・161

序　章

今，銀行が直面していること

14   序章　今，銀行が直面していること

　現在，銀行は大きな変化に直面しています。今まで見たことのないような事態に対し，これまでと同じビジネスの発想で，社会の期待に応えていくことができるのでしょうか。現在の銀行が直面する問題は，新たな課題を突き付けられ，新たな発想で対応を迫られているところにあります。人工知能（Artificial Intelligence, AI）の進歩を前にして，現在の仕事のうち半分は人間がやる仕事ではなくなっていくといわれていますが，その中に銀行の仕事がいくつも含まれています。メガバンクは今後数年のうちに大量に人員を削減するといっています。三菱UFJフィナンシャル・グループは9,500人分，三井住友フィナンシャルグループは4,000人分の業務量を削減し，みずほフィナンシャルグループは1万9,000人の人員削減に踏み切ると発表しています。3行合わせて3万2,500人の削減です。これまでの銀行は社会に必要とされる仕事として位置づけられてきましたが，今後の変化の中で的確に対応できなければ，現在の銀行産業は衰退していくかもしれません。むしろ，最近の論調を見ると，銀行を構造不況業種・衰退産業と位置づけ，今のままでは滅んでしまうというものばかりです。

　一方で，「金融」という機能が社会的に必要性の高いものであることは，昔も今も変わりません。銀行が構造不況業種であるということは，「金融」は社会的に必要不可欠な機能であったとしても，その機能を提供する役割を，既存の銀行が担い続けることができるとは限らないということです。今まで通りではいられません。こうした社会の大きな変化に対して，銀行あるいはその中で働く銀行員が生き残るためには，新しい期待に応えなくてはいけません。そうでなければ，新たな金融ベンチャー企業が提供する新しい金融サービスが社会のニーズに応えるようになり，既存の銀行の存在意義は失われ，競争相手に追随できなくなります。さらには，提供するサービスの質の変化ということだけでなく，それを提供するためにどれだけのコストが必要になるのか，担い手として今の銀行は最適な事業者なのかということを問いかけられているのです。

　少子高齢化，情報技術の進歩など，日本経済を取り巻く環境変化によって，銀行ビジネスに必要な経営資源（ヒト，モノ，カネ，情報）の条件も大きく変

化しています。現在の環境変化は，利用者（銀行のお客さま，取引先）の状況
も大きく変化させてきました。そしてサービスを提供する銀行が変化すると，
それが再び，銀行を利用するお客さまの銀行の利用の仕方を変えていくのです。
すなわちこれからの社会の大きな変化は，金融サービスを提供する銀行に影響
を与えるだけでなく，金融サービスの利用者にも影響を与えていくという形で
スパイラル的に変化を生んでいくでしょう。

　例えば，技術進歩による変化を取り上げてみます。私たちは，スマートフォ
ンを普段から使用するようになり，今までは見過ごしていたような情報にも簡
単にアクセスできるようになりました。この消費者の変化に対応するために企
業は，スマホアプリを開発し，自社の利用者により便利な環境を提供する競争
を繰り広げています。その競争の結果として，消費者にとって，スマートフォ
ンはより一層便利な道具となっているのです。スマートフォンをはじめとする
情報端末はプライベートに使用されるだけでなく，ビジネスの効率化のシーン
でも利用されています。多くの家電製品や電気機器，あるいは工場設備・店舗
設備などをつなぐIoT（Internet of Things）が利用されるようになりました。
また，データを有効に活用する人工知能の発展が私たちの知能を超える日（シ
ンギュラリティ）が近づいているなどといわれたりもしています。

　こうした社会の変化の結果，私たちは今まで以上に自分の頭で考えることが
必要になっています。技術進歩の一つひとつは，すでに起こったことであり，
さらに変化し続けていることです。銀行が利用することのできる技術が変化し，
銀行に対する利用者の期待が変わることは，銀行員一人ひとりにも仕事の仕方
を見直すことを迫っています。

　企業のビジネスモデルの変化が銀行に与える影響を考えてみると，企業活動
を行うために必要となる資金需要の性格を変化させることになります。これま
で企業が銀行から借りようとする資金は設備の購入や不動産投資など目に見え
る設備・資産を買うための資金，あるいは商品の仕入代金や従業員への給与の
支払いのための運転資金などといったわかりやすいものでした。工場に設置す

16　序章　今，銀行が直面していること

るための機械などの設備資金を5年間で分割返済する条件で借入を申し込み，あるいは，販売活動に必要な商品を仕入れるために必要な資金を3か月の販売期間を経て返済するという短期運転資金など，資金使途がわかりやすい借入です。

　しかし，これからはそうはいきません。例えば，「現在，開発中の新たな技術を活かして新規事業を立ち上げたい。今まで見たことがないようなアイデアの事業化だが，成功すれば事業は急速に拡大する。そのための資金を貸してほしい」というようなスタートアップ企業からの借入申込みが来たと考えてみましょう。このとき，銀行員は，「アイデアから発生するキャッシュ・フロー」を予測して，貸出審査を行わなくてはいけません。さらには，そのアイデアが5年後，10年後に社会に生き残るアイデアであるかを見極め，場合によっては，株式の購入を検討するようなことになるかもしれません。このことだけを見ても，銀行員に求められる企業をみるための資質がずいぶん難しくなっていることがわかるでしょう。こうした難しい環境変化に直面しながら，社会の変化に取り残されないため，銀行員は利用者の期待に応えていかなくてはいけないのです。

　銀行の仕事は，実際に携わっていない人からは特殊なものに見えるかもしれません。特殊な職業として見られる大きな要因は，「公共性」が要求される点にあります。あるいは，そこで働いている銀行員の中にも，自分たちは特別な仕事をしていると考えている人は多いでしょう。果たして，この「公共性」という言葉が求めているものは何でしょうか。誤解を恐れずにいえば，銀行業の基本的な性格は，「サービス業・仲介業」にすぎません。当面使う必要のない余剰資金を持っているヒトからおカネを預かり，資金を必要としている企業に資金を融通することが仕事です。求められている機能は単純なものだといえるでしょう。ところが，社会が発展しこの資金の仲介という業務をスムーズに行うために，預貸業務（預金受入・資金貸出）以外のことも手掛けるようになり，業務が複雑化し高度な業務知識も必要とされるようになりました。しかし，

ベース業務が仲介業務であることに変わりはありません。仲介業ですから，資金を預けたい，あるいは借りたいという人がいなければビジネスになりません。利用者に選んでもらえなければ，話は始まらないのです。

　銀行員は自分たちの仕事が，サービスを評価してくれるお客さまがいて初めて成立するビジネスであることを忘れてはいけないのです。仲介業は他社が行う経済活動をサポートし，価値を生み出すことをサポートする仕事です。だからこそ，銀行は環境変化に的確に対応できなければ生き残れません。変化に対応できなければ生き残れない宿命にあるのです。これまでも，バブル経済を経てIT時代に変わっていく時代の流れに合わせて，「大胆な変化」を遂げてきました。

　現在の銀行が直面する変化は，これまでの30〜40年の時代の変化をさらに上回る抜本的な変化につながるでしょう。この未曽有の変化の時代に，現在の銀行が対応できるかどうか，生きるか死ぬかは，銀行員一人ひとりの個人の対応力にかかっています。今の銀行員には，時代を見極め一歩先んじて変化に対応できる人材となることが求められているのです。こうした変化の時代に生き残るためには，新たな動きに対する感度の高いアンテナを持つことが必要になります。そして，アンテナの感度を上げていくには，多くの情報を集める必要があります。それと同時に，その情報を吟味できなくてはいけません。過去の事例から学んだり，経営学の理論を学んだりすることが必要になるのです。多くの情報が溢れている時代だからこそ，その中から正しい方向性を自ら導き出すことが必要になっているのです。本書の以下の章では，「銀行とは何か」という事業定義から始まり，変化への対応を考えるためのアイデアを示していきます。

【表1 主な金融機関の数，主な銀行名】

業　態	数	主な銀行名
都市銀行	4	みずほ銀行，三井住友銀行，三菱UFJ銀行，りそな銀行
信託銀行	15	三井住友信託銀行，みずほ信託銀行，三菱UFJ信託銀行
その他	14	あおぞら銀行，新生銀行，セブン銀行，ソニー銀行，楽天銀行，ゆうちょ銀行
外国銀行支店	56	JPモルガン・チェース銀行，シティバンク エヌ・エイ，スタンダードチャータード銀行
地方銀行	64	北海道銀行，七十七銀行，山形銀行，常陽銀行，千葉銀行，横浜銀行，八十二銀行，大垣共立銀行，京都銀行，福岡銀行
第二地方銀行	40	北洋銀行，福島銀行，東日本銀行，東京スター銀行，愛知銀行，トマト銀行
信用金庫	262 (1)	信金中央金庫，京都中央信用金庫，大阪信用金庫，城南信用金庫，尼崎信用金庫，多摩信用金庫，岡崎信用金庫，京都信用金庫
信用組合	149 (1)	全国信用協同組合連合会，近畿産業信用組合，長野県信用組合，茨城県信用組合，広島市信用組合，大阪協栄信用組合
JAバンク	687 (33)	農林中金（1），JA信連（32），JA農協（654）

(注) 信用金庫，信用組合，JAバンクの（ ）内の数字は中央組織で内数表記。
(出所) 金融庁「銀行免許一覧（都市銀行・信託銀行・その他）」2018年8月10日，金融庁「信用金庫免許一覧」2018年1月22日，JAグループホームページ「信用事業」2017年7月1日現在（https://org.ja-group.jp/about/group/bank）などに基づき，筆者作成。

　本書において「銀行」という表現は，主に民間金融機関を対象としています。民間金融機関としては，普通銀行（都市銀行，地方銀行，第二地方銀行），長期金融機関（信託銀行），中小企業金融専門機関（信用金庫，信用組合，労働金庫，商工組合中央金庫），農林漁業金融機関を指しています。特に断りのない限り，日本銀行や預金を扱わない証券会社や保険会社などの金融機関は含みません[1]。また，広く金融機関で働く従業員を対象としつつ，便宜上，「銀行員」という呼称で統一します。

【図1　金融機関の種類】

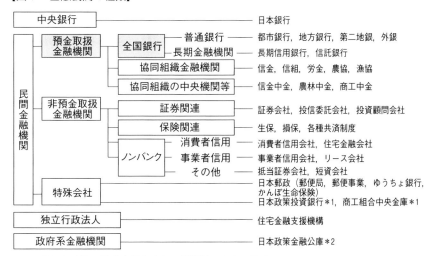

*1　2008年10月に株式会社化され，民営化の方向に進む
*2　2008年10月に政府全額出資の株式会社組織として発足

（出所）日経XTECH「金融業界の業務とシステムを知るPart 15　銀行編(1)　銀行の基本的な役割と情報システムの発展経緯」https://tech.nikkeibp.co.jp/it/article/lecture/20080111/290869/

第 1 章

銀行とは何か

銀行は社会の心臓と例えられます。それは，社会の中で資金の流れが滞らず，経済活動が円滑に行われるために重要な役割を果たしているからです。銀行には都市銀行と地方銀行をはじめ，異なる特徴を持った銀行があり，それぞれの銀行の経営の目的は経営理念を通じて読み取ることができます。各銀行の違いを踏まえ，それぞれの目的が達成できるように自らの業務内容を明確にすることが求められるでしょう。

第1節 銀行とは何か

●銀行の果たす役割

　まず，「銀行とは何か」ということを考えます。銀行は，経済活動という全体的なシステムを円滑に回すために重要な公的な役割を果たしています。一般社団法人全国銀行協会は，銀行が経済活動に果たす役割を以下のように記しています[2]。

　　「経済社会を血液のようにめぐるお金。「人」「企業」「国・自治体」は，お金の流れが止まれば活動がストップしてしまいます。銀行は「人」「企業」「国・自治体」などにお金という血液を送り込む心臓のような存在といえます。」

　経済を一つの生命体として考えたときに，その経済の中で複数の経済主体（身体でいえば，「心臓」に対して「胃」「腸」「筋肉」などのそれぞれの組織）があり，それぞれの間でスムーズに血液（おカネ）が流れないと，経済そのものが止まってしまいます。一般社団法人全国銀行協会の言葉を見ると，「心臓」という表現で銀行が担う役割を示し，金融システムが社会全体にとって重要なものであることを表すとともに，銀行業の「公共性」が宣言されているのです。

【図2　銀行の役割と経済活動の関係】

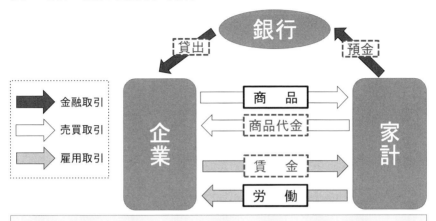

① 銀行が家計から預金を預かり，企業に貸出を行うことで，企業は「労働者の雇用」「商品の生産」を円滑に行うことができる。
② 銀行から企業への貸出金の返済は，家計の商品購入代金が充当される。
③ 家計の預金と商品購入代金は，働いて得られる賃金によって充当される。

(出所) 各種資料より筆者作成。

● おカネの流れを考える

　銀行が扱う「おカネ」の流れについて考えてみましょう。時代によって，あるいは年代によって，多少の変動はありますが，これまでの日本経済の中では貯蓄をするのは家計部門であり，企業部門が投資主体となっていました。私たちが経済行為として行う貯蓄は，資金が余剰な主体が行う経済行動であり，貯蓄をしている経済主体を資金余剰主体，黒字主体といいます（単純化のため，特に断りのない限り，以下では「家計」を黒字主体として説明します）。他方，投資をしているのは，資金が不足している主体であり，資金不足主体，赤字主体といいます（同じく，単純化のため，特に断りのない限り，以下では「企業」を赤字主体として説明します）。例えば，労働者が働いて得る給与は，貯蓄される分や一時的な高額商品の購入に充てられる分を除くと，次の給与がもらえるまでの期間の生活資金として使われていきます。おカネを手に入れてから費消してしまうまでの期間を考えると，家計は短期的な意味で資金余剰主体

24 第1章 銀行とは何か

となります。さらに，現役世代が老後の生活のために給与を貯蓄しておこうと考えるならば，長期的な意味で資金余剰主体となります。この余剰資金を社会に還元するために銀行は重要な役割を果たします。

●家計と銀行の関係の変化

家計がおカネを銀行に預けるということを，少し時代をさかのぼって考えてみましょう。労働者の給与は，1970年代に銀行振込の企業が増えてくるまでは現金支給でした。筆者の子どものころは，父親は会社から支給された給与を母親に渡し，母親はそれを現金のまま管理していました。そのころの社会では家計が持っている余剰資金は家の引き出しの中にあり（タンス預金），そのおカネを企業が使いたいと思えば，そのタンス預金を，銀行が資金獲得努力を通じて銀行預金として集める必要があったのです。戦後，日本が復興し高度経済成長に至るまで，企業が必要な資金は，銀行の資金獲得努力によって捻出されていたのです。その後，1970年代から給与は銀行振込となり，逆に手元資金として引き出されるまでは，銀行に滞留するようになりました。また，生活準備資金として短期的に滞留するほかに，家計が豊かになり定期預金などを預け替えられると，貯蓄性資金として長期的な滞留も期待できます。銀行は貸出原資となる預金を獲得するために，従業員の給与振込口座，あるいは年金振込口座を獲得し，定期預金として運用してもらうように働きかける競争を繰り広げるようになっていったのです。

余談になりますが，今後，日本もキャッシュレス社会に移行していく可能性があるといわれています。この場合に，今までどおり給与振込が日本銀行券で行われ，銀行だけがその資金を扱えるのであれば支払準備として銀行に資金は滞留するでしょう。一方で，ビットコインなどの仮想通貨で支払われたり，電子マネーにチャージされる形で給与が支給されたりするようになると，必ずしも銀行預金の滞留は家計から発生しなくなるかもしれません。そうなると，銀行が資金獲得に苦心する時代に逆戻りするかもしれません。

本題に戻って，労働者に対する給与が家計から銀行へ余剰資金として預金さ

れることで「血液」が供給され，「心臓」としての役割を担う銀行は，その資金を原資として貸出を実行することになります。家計から預かった預金を貸し出すことで，銀行が間に入り，血液である資金が循環するという状態になり，「心臓」の役割を果たすことになるのです。家計から供給される貯蓄というおカネを，企業活動を行うために必要な貸出金（運転資金，設備資金など）として結び付けるのが金融取引です。簡単に言い換えれば，金融とは資金の余裕のあるところから資金を必要としているところへ流す（融通する）ことです。逆に，資金を必要とする企業部門に必要な資金が流れない状態になると金融取引がうまくいっていないということになります。金融がうまくいかないと，国民経済を停滞させてしまうかもしれません。経済活動が円滑に行われるためには，単に資金を循環させるだけでなく，「健康的な」企業へと資金を循環させる必要があります。

　銀行は，そのほかにも，預金の振替，手形交換，為替などの支払決済などをスムーズに行うという役割も担っています。それらを含めて，銀行は金融仲介・決済を行う機関だといえるでしょう。また，預金・貸出を繰り返すことで信用創造機能も果たしていますが，これらの銀行が果たす機能に関しては，後で詳しく見ることにしましょう。

第2節 銀行の経営理念

●経営理念とは何か

経営理念とは，経営者が企業の運営にあたって目的を明確にし，その目的を実現するために，その組織が共有すべき価値観（モノの考え方）として明文化したものです。経営者が企業経営に対して持つ基本的な価値観，態度，信条のことだともいえます。時代の変化に合わせて従業員の意識を集約するために定められることもあります。経営層が持つ経営哲学や世界観をまとめ，企業経営や組織の基本像を示すものともいえるでしょう。

具体的な経営理念については，その企業が公表している「経営ビジョン」「企業ミッション」「企業バリュー」などの形で見ることができます。ビジョン（未来像）は，実現したい将来像を提示したものであり，ミッション（企業理念）は，その社会を実現するための自社の役割であり，バリュー（行動基準）は，そのためにどのように行動するかを示したものです。

●都市銀行の経営理念

わが国の銀行の経営理念の事例として，いくつかの銀行のビジョン，理念などをピックアップしてみます。

最初に，都市銀行の経営理念です。そこには，中長期的な視点に立って日本国内の企業にアプローチし，事業機会の獲得を狙うだけでなく，海外でのビジネスチャンスにも目配りをした表現が盛り込まれています。都市銀行の事業領域の広がりがうかがえます。

◆みずほフィナンシャルグループ

【基本理念：企業活動の根本的考え方】[3]

　「『日本を代表する，グローバルで開かれた総合金融グループ』として，常にフェアでオープンな立場から，時代の先を読む視点とお客さまの未来に貢献できる知見を磨き最高水準の金融サービスをグローバルに提供することで，幅広いお客さまとともに持続的かつ安定的に成長し，内外の経済・社会の健全な発展にグループ一体となって貢献していく。これらを通じ，〈みずほ〉は，いかなる時代にあっても変わることのない価値を創造し，お客さま，経済・社会に〈豊かな実り〉を提供する，かけがえのない存在であり続ける。」

【ビジョン：〈みずほ〉のあるべき姿・将来像】

　「『日本，そして，アジアと世界の発展に貢献し，お客さまから最も信頼される，グローバルで開かれた総合金融グループ』

　　1．信頼No.1の〈みずほ〉

　　2．サービス提供力No.1の〈みずほ〉

　　3．グループ力No.1の〈みずほ〉」

【みずほValue：役職員が「ビジョン」を追求していくうえで共有する価値観・行動軸】

　「1．お客さま第一　～未来に向けた中長期的なパートナー～

　　2．変革への挑戦　～先進的な視点と柔軟な発想～

　　3．チームワーク　～多様な個性とグループ総合力～

　　4．スピード　～鋭敏な感性と迅速な対応～

　　5．情熱　～コミュニケーションと未来を切り拓く力～」

【図3　ミッション・ビジョン・バリューの関係】

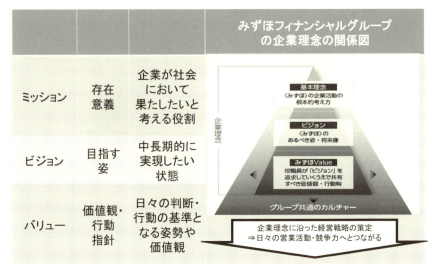

(出所) みずほフィナンシャルグループホームページを参考に筆者作成。

◆三菱UFJフィナンシャル・グループ
【経営ビジョン：私たちの使命】[4]

「いかなる時代にあっても決して揺らぐことなく，常に世界から信頼される存在であること。時代の潮流をとらえ，真摯にお客さまと向き合い，その期待を超えるクオリティで応え続けること。長期的な視点で，お客さまと末永い関係を築き，共に持続的な成長を実現すること。そして，日本と世界の健全な発展を支える責任を胸に，社会の確かな礎（いしずえ）となること。」

● 地方銀行の経営理念

地方銀行の経営理念には，地域との関係性を明確に示している事例が多く見られます。地方銀行は，地元とともに長い歴史に培（つちか）われてきた信用に基づく経営を行っていますから，地域の特徴を活かした事業を伸ばすことに取り組む経営理念が示されているということでしょう。

◆百五銀行
【コーポレートステートメント】[5]

「百五銀行の歴史を支えてきた本質は"商品の哲学"であり，創業以来"信用"を大切にして今日に至っております。このような歴史を踏まえつつ，百五銀行が将来にわたって価値ある存在であるために，全行員が100％の力を発揮する創造力あふれる銀行でありたいという決意を，フロンティアバンキングというメッセージに託しました。」

◆静岡銀行
【基本理念】[6]

「"地域とともに夢と豊かさを広げます。"
・私たちは，地域の総合金融機関として，質の高いサービスを提供し，人々の暮らしと事業の夢の実現に貢献します。
・私たちは，地域とともに歩む良き企業として，地域の経済と文化の発展に努めます。
・私たちは，健全性を基本として，時代を先取りする積極的な経営を心がけ，地域社会，お客さま，株主，従業員の幸福を追求します。」

また，最近では，地方銀行同士の合併・統合の事例が多く見られますが，このような統合金融グループの場合には，各社の強みを活かして事業を行っていくことが示され，それは元の銀行が長年営んできた事業とつながりの深いものになっています。コンコルディア・フィナンシャルグループでは，横浜銀行と東日本銀行を傘下とする統合です[7]。

◆コンコルディア・フィナンシャルグループ
【経営理念】[8]

「グループ各社の強みと特色を活かし協働することにより，お客さまに対する最高の金融サービスの提供を通じて，地域の発展とともに企業価値の向上を

30 第1章 銀行とは何か

目指し，信頼される金融グループとして，活力ある未来の創造に貢献します。」

◆横浜銀行
【企業理念】[9]

「地域の金融システムの担い手としての役割を認識し，活力あふれる人財の開発，育成を積極的におこない，お客さま一人ひとりに最もふさわしい金融サービスの提供を通じ，地域に寄り添い皆さまから信頼される銀行を目指します。」

◆東日本銀行
【企業理念】[10]

「わたしたちは，東京を核とした首都圏において，心のかよう「フェイス・トゥ・フェイス」の対応によりお客さまとのリレーションを大切にし，信頼されるパートナーとして地域社会に貢献します。」

●その他の金融機関の経営理念

都市銀行，地方銀行以外の金融機関においても，社会貢献の意識が経営理念に反映されている事例は多く見られます。三井住友信託銀行のミッションの中には，信託銀行の持つ強みを活かす思いが込められています。営利を目的とし，収益向上を図るのではなく，社会貢献を果たしてこそ，社会に存在する意義があると考えていることがわかります。現在のような激しく企業環境が変わるときだからこそ，原点に立ち戻り，こうした存在目的に即して，今後の事業の方向性を考えていかなくてはいけないということでしょう。

◆三井住友信託銀行
【経営理念（ミッション）】[11]

「(1) 高度な専門性と総合力を駆使して，お客さまにとってトータルなソリューションを迅速に提供してまいります。

第2節　銀行の経営理念　31

(2)　信託の受託者精神に立脚した高い自己規律に基づく健全な経営を実践
し，社会からの揺るがない信頼を確立してまいります。

(3)　信託銀行グループならではの多彩な機能を融合した新しいビジネスモ
デルで独自の価値を創出し，株主の期待に応えてまいります。

(4)　個々人の多様性と創造性が，組織の付加価値として存分に活かされ，
働くことに夢と誇りとやりがいを持てる職場を提供してまいります。」

また，ATM事業を中心とした金融ビジネスを展開しているセブン銀行の経
営理念を見ると，親会社であるセブン＆アイ・ホールディングスの社是に基づ
きつつ，自社の特徴を捉えた理念が示されているといえるでしょう。

◆ セブン銀行[12]
【社是】
「私たちは，お客さまに信頼される誠実な企業でありたい。
　私たちは，株主，お取引先，地域社会に信頼される誠実な企業でありたい。
　私たちは，社員に信頼される誠実な企業でありたい。」

【経営理念】
「・お客さまのニーズに的確に応え，信頼される銀行を目指します。
　・社員一人一人が，技術単新の成果をスピーディーに取り入れ，自己変革
　　に取組んでいきます。
　・安全かつ効率的な決済インフラの提供を通じて，我が国の金融システム
　　の安定と発展に貢献します。」

◆ 明治安田生命
【明治安田フィロソフィー】[13]
「明治安田フィロソフィーは，当社の基本的な理念を示すものとして，経営
理念，企業ビジョン，明治安田バリューで構成しています。」

【図4　明治安田フィロソフィー】

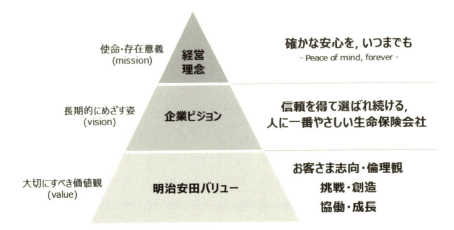

（出所）明治安田生命ホームページ

◆ 日本政策投資銀行
【DBJグループの企業理念体系】[14]
「当行は，長期の事業資金を必要とするお客様に対する資金供給の円滑化および金融機能の高度化に寄与することを目的とする会社として，当行グループの企業理念を以下のとおり定めます。
DBJグループの企業理念体系；役職員が共有する価値観に根差した行動基準をガイドラインとしながら，当行グループの使命を追求し，ビジョン（あるべき将来像）の実現を目指します。
4つのDNA；企業理念の共有・追求を通じて形作る当行グループの強みとして，4つのDNA（長期性，中立性，パブリックマインド，信頼性）を位置づけます。」

【図5　DBJグループの企業理念体系】

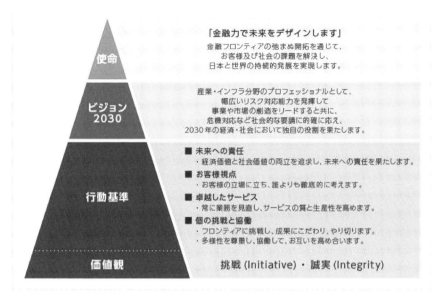

(出所) 日本政策投資銀行ホームページ

●企業理念に見る銀行の事業形態の特徴

　これらの企業理念を見ると，それぞれの企業の持つ事業背景が浮かび上がってきます。また，その銀行の歴史などが盛り込まれているものもあり，今後の変革の時代にどのように臨むのか，今後の方向性を考える上で，重要な出発点となるはずです。新たに銀行員になった方は，自分が勤める銀行の経営理念はもちろんのこと，その他の銀行の経営理念も，もう一度読み，その内容を比較しながらよく考えてみるとよいでしょう。

34   第1章　銀行とは何か

【表2　銀行業界ランキング（2015～2016年）】

（億円）

銀行名	分類	経常収益	順位	総資産	順位	純利益	順位
三菱UFJフィナンシャル・グループ	都市銀行	57,144	1	2,983,028	1	9,514	1
三井住友フィナンシャルグループ	都市銀行	47,721	2	1,865,858	4	6,466	3
みずほフィナンシャルグループ	都市銀行	32,152	3	1,934,585	3	6,709	2
ゆうちょ銀行	その他	19,689	4	2,070,560	2	3,250	4
三井住友トラスト・ホールディングス	信託銀行	11,989	5	582,299	5	1,669	6
りそなホールディングス	都市銀行	8,174	6	491,264	6	1,838	5
新生銀行	その他	3,757	7	89,287	16	609	9
横浜銀行	地方銀行	3,249	8	152,689	8	745	8
ふくおかフィナンシャルグループ	地方銀行	2,367	9	164,061	7	447	12
千葉銀行	地方銀行	2,286	10	133,338	9	554	10
静岡銀行	地方銀行	2,236	11	111,172	11	479	11
ほくほくフィナンシャルグループ	地方銀行	1,925	12	116,303	10	288	19
八十二銀行	地方銀行	1,812	13	81,725	20	301	18
山口フィナンシャルグループ	地方銀行	1,655	14	104,380	12	322	15
常陽銀行	地方銀行	1,633	15	92,587	13	310	17
西日本シティ銀行	地方銀行	1,549	16	90,903	14	269	22
北洋銀行	第二地銀	1,497	17	84,645	18	180	28
スルガ銀行	地方銀行	1,394	18	43,901	40	367	14
群馬銀行	地方銀行	1,362	19	76,315	23	286	20
広島銀行	地方銀行	1,343	20	82,009	19	313	16

（出所）各種資料より筆者作成。

第**3**節 銀行が提供する業務

●企業ドメインと事業定義（事業ドメイン）

　企業は，前節で見た経営理念に基づき，「誰に，何を，どのように提供するか」という活動範囲を，現在から将来にわたって，社会の中にある選択肢の中から選び取っています[15]。これを企業ドメインといいます。企業がどのような事業領域で，何を武器として戦おうと考えているのかは，企業ドメインを考えることで見えてくるでしょう。逆にいえば，どのような分野で活動するかの企業ドメインを決定しないと，企業は経営戦略（全社戦略，ビジネスモデル）を策定することができません。企業ドメインを明確にすることは，その企業の経営戦略を策定する前段階であり，経営理念に基づき存在意義を確認するために必要なステップといえるでしょう。企業がドメインを検討するには，自社の置かれた外部環境や内部環境を正しく認識することが必要です。

　銀行が経済に果たす機能，あるいは取り組んでいる業務の内容を理解するために，銀行業のドメインを考えつつ，事業を定義してみましょう（事業ドメインの確認）。事業を定義することで，企業がどのような点に着目して経営を行っているのかを考えることができます。銀行の担っている役割を考えながら，定義づけをすることで，社会の中で具体的に銀行がどのような事業を行い，どのように社会の役に立っているのかが整理できるのです。

【図6 企業ドメインと事業定義】

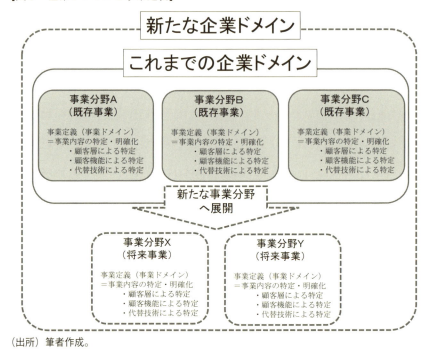

（出所）筆者作成。

　通常，事業定義を行うときには，企業活動を顧客層・顧客機能・代替技術の3次元から見て，その特徴を把握します。顧客層とは，その企業が取引をするお客さまのグループのことです。個人でいえば，どこに住んでいる人を対象にしているのかという地理的な属性のほか，年齢・所得などの人口統計的軸も使って「お客さまは誰か」を絞り込むことができます。これはもちろん，法人（企業）においても同様です。次に，顧客機能（顧客ニーズ）からの定義です。お客さまは，その企業に何を期待しているのかというニーズの種類を明確にするということです。このニーズに関しては，心理的軸と行動面の軸から定義づけすることができます。3つ目の切り口である代替技術とは，提供するサービスを実現するための技術のことです。顧客のニーズに応えるために，どのような技術を活かすことができるのかを考えることができます。事業定義によって

企業活動を明確化しておくと，外部環境（政治，社会，技術など）が変化したときに，今後の自社の事業展開を進めるにあたって，どのような戦略を選択すべきかを考えやすくなります。

●銀行の事業定義

　銀行の事業定義は，都市銀行と地方銀行を分けて考えます。それぞれの違いを意識して事業定義を行うと，銀行の置かれている状況，どのような仕事をしているか，社会から何を期待されているかがよくわかるでしょう。都市銀行と地方銀行は対象とする顧客層，顧客が期待する機能，そしてその企業に提供するための技術は，一部重複しながらも異なっています。銀行員も自分の働く銀行の事業定義を意識することで，経営者と同じ目線で銀行の競争優位は何か，競争相手との差別化のポイントは何かが見えてくるでしょう。同じ銀行業界にいるからといって，どの企業も同じ戦略をとる同質競争を行うのではなく，それぞれの企業の事業定義を踏まえて，提供すべきサービス，とるべき戦略，組織を運営するときの適切な方法を考えることができるでしょう。

【表3　銀行とは何か（事業定義）】

		都市銀行	地方銀行
顧客層	法人	国内の大企業・中堅企業 海外企業	出店地域の中堅・中小企業
	個人	幅広い個人顧客 取引先企業の従業員	出店地域の個人顧客 取引先企業の従業員
顧客機能		設備投資，企業買収における長期・多額の資金調達 運転資金調達 経営アドバイス 高度な財務手法の活用	運転資金調達 事業承継アドバイス
代替技術		全国に広がる店舗網 顧客ネットワーク 情報収集能力 高度な金融テクニック	地方企業，地域住民とのリレーションを活かした細かなサービス提供

（出所）筆者作成。

38 第1章 銀行とは何か

●企業ドメインの設定

　正しい企業ドメインは，企業の将来の方向性を示し，企業内外の関係者の間にできる合意形成を促しますが，逆に誤った企業ドメインが設定されると，成長の機会が奪われてしまいます。アメリカのマーケティング学者であるT・レビットは，有名なマーケティング・マイオピア（近視眼）の論文の中で，アメリカの鉄道業を事例としてあげ，正しく企業ドメインを示すことの重要性を指摘しています。20世紀前半，アメリカの鉄道企業は，輸送ニーズが増大し収益性の高い大企業でした。しかし，レビットが論文を書いた1960年の時点では鉄道業は凋落していたのですが，レビットはその原因として，鉄道企業が自社のドメインを「輸送サービス」という社会的機能ではなく，物理的に「鉄道業」と定義したためだといっています。すなわち，輸送に対する需要が拡大しているときに，鉄道を使って事業を行うことにこだわり，自動車・トラック・航空機などの代替的な輸送手段を利用することに乗り出さなかったために，顧客が流出し，凋落することとなったといっているのです。

　　「鉄道が衰退したのは，旅客と貨物輸送の需要が減ったためではない。それらの需要は依然として増え続けている。鉄道が危機に見舞われているのは，鉄道以外の手段（自動車，トラック，航空機，さらには電話）にお客さまを奪われたからではない。鉄道会社自体がそうした需要を満たすことを放棄したからなのだ。鉄道会社は自社の事業を，輸送事業ではなく，鉄道事業と考えたために，お客さまを他へ追いやってしまったのです。事業の定義をなぜ誤ったのか。輸送を目的と考えず，鉄道を目的と考えたからです。お客さまではなく，製品を中心に考えてしまったのだ。」[16]

　関係者の間でコンセンサスを形成することも，企業ドメインの重要な役割です。企業ドメインを正しく示すことができれば，その会社で働く人だけでなく，その会社と取引のある人にとっても，この会社は何をする会社なのか，将来どのような会社になっていくのかということについての認識が共有できます。従

業員と経営者が同じ目標に向かって業務に取り組むことができれば，企業全体
で一体感が醸成され，組織としてのアイデンティティが明確になり，凝集性も
高まります。目標が明確であれば，無駄な投資が行われることもなければ，従
業員の仕事に対する意欲が失われることもありません。そのような効果を正し
い企業ドメインはもたらしてくれるのです。

●銀行の企業ドメイン

　今，銀行は新たな時代に向かっています。企業ドメインを見直すことが必要
でしょう。これから，どのように事業範囲を設定するのかはとても興味深いと
ころです。大きく事業環境が変化しているときであり，銀行も，アメリカの鉄
道業の失敗を繰り返さないようにしなくてはいけません。今の銀行に求められ
ているのは，従来，自分たちが取り組んできた事業にこだわらず，お客さまの
ニーズに沿って，自社の企業ドメインを再設定することではないでしょうか。
時代の流れに即して適切に設定しないといけません。技術革新やお客さまの嗜
好の変化に合わせて，企業ドメインを正しく再定義する必要があるでしょう。

　経営全体の方向性を意識することは，変化の激しくなっている今だからこそ，
銀行員にとっても，銀行と取引をする企業の担当者にとっても重要な視点とい
えるでしょう。銀行で働く銀行員の立場で，自分の銀行の企業ドメイン・事業
定義を考え，自らが仕事をする職場がどのようなものかを理解するようにして
みましょう。さらに，銀行で営業・融資を担当しているのであれば，事業定
義・ドメインを意識して自分がお付き合いをしている取引先企業のことを考え
ると，その会社を理解するために役に立ちます。

第2章

銀行の仕事

企業は顧客に認められてこそ存在価値があります。銀行の仕事は仲介業であり，資金に余裕のある人と資金を必要とする人をつなぐ役割を担っています。銀行は預金者の代理人として，資金を有効に利用して社会に貢献し，きちんと利息と元本を返すことができる借入人を見つけて貸出を行わなくてはいけません。目利きをしながら，お金を仲介することが銀行の重要な仕事なのです。近年は低金利が続き，銀行預金の運用メリットが低下し，企業に直接投資をする投資家も増えてきました。

第1節 銀行の社会的役割

●企業の存在目的

　企業活動は，自社が何を売りたいかよりも，お客さまが何を求めているのかを優先して考え，付加価値のある商品を提供しなくてはいけません。事業を通じて社会や人に貢献するからこそ，企業はその存在を許されるのです。このために社会の期待を汲み取り，消費者が必要としているものや欲しいと思っているものを見出し，生産し販売することで需要を創造する，それこそが企業活動として求められているのです。20世紀の著名な経営学者であるピーター・F・ドラッカーは，企業が社会的に存在する意義，企業の目的について説明しています[17]。

　　「企業とは何かを知るためには，企業の目的から考えなくてはならない。企業の目的は，それぞれの企業の外にある。企業は社会の機関であり，その目的は社会にある。企業の目的の定義は一つしかない。それは，顧客を創造することである。」

　ドラッカーは，企業の目的は「顧客を創造する」ことだといっています。また，企業は提供する財・サービスに対し，対価（おカネ）を支払って購入してくれる消費者・利用者（すなわち，顧客）がいるから存在できるともいっています。企業は，消費者・利用者が購入するに値する魅力（＝価値）のある商品・サービスを提供することができなければ存在価値はないということです。社会に認められるものを提供できること，企業が提供する商品・サービスを購入してくれる顧客を創造できること，これこそが企業の存在価値です。

それでは，自社が提供する商品・サービスを購入してくれるお客さまが満足するものを提供できるというのはどういうことでしょうか。それは，すでに世の中に「顕在化している」需要に応えるだけでは十分ではありません。すでに存在している市場やお客さまに商品やサービスを提供するだけでなく，今まで表面化していなかったお客さまの需要を顕在化させることも必要です。こうした新たな需要を創造するような商品を販売するためには，言い換えれば，顧客を創造するためには，市場にない商品を見つけ，それを提供できるように仕組みまで作り変えていく必要があります。このような非常に緊張感のある企業と市場・顧客との関係をドラッカーは「顧客の創造」という言葉で示したのです。

●銀行における顧客の創造

　それでは，こうした一連の「顧客の創造」という取組みを銀行で考えるとどうなるでしょうか。企業と顧客の緊張感のある関係性に基づいて考えると，銀行の存在価値はどこにあるといえるのでしょうか。銀行が社会に認められるために「経済の心臓」の役割を果たすことが求められていることは間違いありません。「心臓」という表現を，銀行に期待される最も重要な機能として言い換えると「金融仲介機能」と表現されます。金融仲介機能の本質を理解することが，社会の中で銀行の担うべき役割は何かを考える上で，非常に重要な意味を持っています。

　銀行が金融仲介機能を果たすときには，単に企業と企業，企業と個人をつなぐだけでなく，「企業に対する目利き」も併せて期待されています。仲介機能と目利き機能を併せて考えたときに，銀行は社会の中でなくてはならない事業となります。この点に銀行の果たす役割，言い換えれば，銀行が成立するための条件は何かを考えるための重要な論点が含まれているといえます。詳しい説明は後でしますので，まずは銀行について問題を提起するにとどめます。この問題はとても大切です。この後の部分を読みながら，それぞれよく考えてください。

44 第2章 銀行の仕事

第2節 間接金融と直接金融

　銀行が提供する機能である仲介業務について，もう少し考えてみましょう。企業が外部から負債として資金を調達する手段としては，間接金融と直接金融の2通りの方法があります。企業が銀行からの借入をする場合は，間接金融（銀行借入）という形で仲介を受けることとなります。もう一つが直接金融です。直接金融では，市場の参加者から直接資金を募ります。直接金融には，債券を発行して負債として調達するほか，株式発行による資本として調達する方法もあります。間接金融で重要な役割を果たすのが銀行などの金融機関である一方で，直接金融において重要な役割を果たすのが証券会社です。証券会社は，証券市場を通じて，投資家から企業へ直接に資金が移動することを仲介しています。

● 借入契約の意味

　間接金融であれ直接金融であれ，企業が契約に基づいて外部から資金を「負債」として調達したときには，共通して守らなくてはいけないことがあります。それは，契約に定められた期日に元本を返済することと，期中には契約に定められた利息を支払うことです。借りたおカネを返すのは当たり前のことですが，さらにその期間に発生する利息も必ず支払わなくてはいけません。このときに企業が支払う利息は，一定期間のおカネの借り賃であり，借入金の使用料といってもいいでしょう。借り賃が発生する理由は期待利益を補てんしなくてはいけないからです。少し難しい表現ですが，企業が借りたおカネは，その企業が借りていなければ他の何らかの手段で活用することができた資金であり，そのおカネを借入という行為により，一時的に活用する機会を譲り受けたと考え

るのです。

　資金を借りた企業は，他の手段で利用することによって得られたであろう期待利益に見合う分だけ，負担しなくてはいけないのです。おカネを借りたら，機会利益を補てんしなくてはいけないということになると，企業が資金を借りることができるのは，確実に元本を返済し利息を支払う能力がある企業に限られるということになります。これが借入申込みをした企業に対し，銀行が貸すに値する状態にあるか，言い換えれば，資金調達時の契約を守って，期限にきちんとおカネを返し，期中にきちんと利息を支払ってくれる状態にあるかを見極め，大丈夫だと判断された場合にしか貸出を実行してはいけない理由です。

●間接金融における銀行の役割

　貸出にあたっては返済能力のある人におカネを貸さないと，おカネは戻ってこなくなり貸し手は損をしてしまいますから，返済能力がある企業かそうでないかを見極めて貸出を実行しなくてはいけないのですが，特に銀行が誰にでもおカネを貸せるわけではない理由がもう一つあります。それは，銀行が借り手に貸し出す資金は，銀行のものではないからです。銀行が貸し出す資金は，預金者が銀行を信頼し，預金してくれたおカネです。銀行は預金者の信頼に応えて，資金を必要とする企業の申込みを受けて，資金を貸出金として提供しているのです。この貸出取引の中で，銀行は預金者の代理人として，貸したおカネを期限が到来したときに元本回収しなくてはいけませんし，貸出期間中は利息を受け取らなくてはいけません。

　こうして考えると，間接金融において銀行に求められている重要な役割は，資金を仲介するだけでなく，その企業が資金を返済し利息を支払う「能力」があるかないかを審査し判断することだということがわかります。預金者は，銀行が「その借り手がたしかに返済能力があることを見極める能力，審査する能力」を持っていると信頼して，大事なおカネを預けてくれるのです。銀行の中心的な仕事である仲介機能に関していえば，預金者からの委託を受けて貸出業務（間接金融業務）を営んでいるということを改めて認識する必要があります。

自分のおカネを貸出回収する「投資ファンド」などの金融業者との違いはここにあります。

　また，銀行は預金者の求めに応じて預金を払い出さなくてはいけないだけでなく，借入人が銀行に支払うときと同じように，預金者が銀行に預けている資金の使用料として預金利息を支払う必要があります。貸し出した資金の回収ができないということは，預金者の代理人として十分に機能していないということになりますので，貸出先に関しては十分に内容を見極める必要があります。

●直接金融における格付機関の役割

　ちなみに，間接金融では銀行が企業の信用状態を調査しているのに対し，債券を発行し市場から直接的に負債として資金を調達する直接金融では，資金の出し手は企業の資金返済能力をどうやって見極めるのでしょうか。直接金融では，原則としては，資金を提供する投資家の自己責任に基づき投資先を決めるのですが，その意思決定のための参考となる指標を格付機関が提供しています。格付機関は，企業などが発行した譲渡可能な債券に対して，その企業の信用状況を表す「格付け（例：AAA，AA＋，A−など）」を付けています。投資家が債券を購入するときに，格付機関が付けた企業格付を見て，その価格が企業の信用度と見合っているかを判断し入手することとなります。売却するときも入手するときと同様に，企業格付は売却条件にも影響を与えます。

　これまで，日本では直接金融よりも間接金融が主たる資金調達手段でした。また，企業の銀行取引においてメインバンクが重要な役割を果たしていました。間接金融が優位だった理由と，その中でのメインバンクの役割については，後でもう少し詳しく見てみましょう。

【図7 間接金融と直接金融の仕組み】

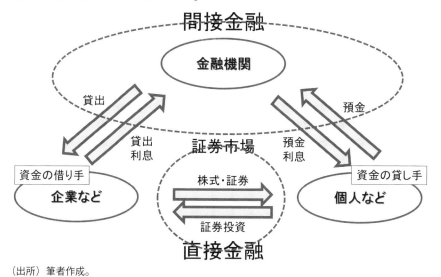

(出所) 筆者作成。

48　第2章　銀行の仕事

第3節　貸出審査のポイント

　金融仲介として銀行に期待されている機能は，単に資金余剰主体から資金不足主体に仲介し，資金を融通するというだけではありません。仲介するときに，どの取引先が利益をあげ，社会の公器としての役割を果たすことができるのかを見極めることが求められています。資金仲介を通じて社会に貢献するとは，預金者のおカネを活用して，そのおカネを「真に必要とする」企業に貸し出すことです。返済能力のない企業におカネを貸し出さないようにしないと，貸出金が不良債権化し，貸倒れが発生したり，利息の支払いを受けられなくなったりしかねません。このような企業に対しては，銀行は貸出を実行してはいけません。銀行に対する預金者の期待は，自分の預けたおカネを，確かな企業活動を行える企業を見出し，その企業におカネを貸し出すことです。

●社会に存在が許される企業の条件（＝付加価値の創造）

　どのような会社が「社会から存在を認められた会社」といえるのでしょうか。銀行はどのような観点で，その会社を見分けるべきか考えてみましょう。そもそも，企業は「ヒト，モノ，カネの3つの物的経営資源（Visible Assets）」の組み合わせによって成り立っていると考えられます。人的資源（ヒト）とは，経営者（マネジャーなど），労働者（作業者，技術者など）であり，物的資源（モノ）には，工場，機械，店舗，原材料などがあげられます。そして財務的資源（カネ）は，資金（現金準備のほか，借入能力も含みます）のことを指します。このヒト・モノ・カネの3つの物的経営資源は事業を始めるにあたり「必要不可欠」な資源です。銀行が企業を見るときは，この3つの経営資源の評価を行うことになります。もちろん，企業は企業活動を通じて利益を，中長

期的に安定した形で確保できなければ，社会の中で存在を許されません。

　企業の利益は，利害関係者（顧客，株主，銀行，部品メーカーなどの取引業者）に対する支払義務を果たした後の残りです。利益をあげること，すなわち，利害関係者に対する支払義務を果たすことは，企業活動を続けるための最低限の義務です。利益を出せていない企業は，社会に対する義務を果たしていない，あるいは将来的に義務を果たせなくなるおそれのある会社です。企業活動とは，ヒト・モノ・カネという3つの物的資源を外部から調達し，社内の加工プロセスによって「付加価値」の付いた製品・サービスを産出し，外部市場に向けて販売し利益をあげることです。企業活動は付加価値をあげるための活動であるといえるでしょう。企業が存在できるかどうかを判断するには，企業の一連の活動を通じて，どのように付加価値を付けることができるのかを見極めることになります。銀行が企業に対し中長期的な視点から融資をすべきかどうかを判断するときには，企業の付加価値を生む仕組みを評価することになります。

　それでは，付加価値を安定的に生み出すとはどういうことでしょうか。企業が生み出す利益を増やすには，提供する商品・サービスの品質を高めて差別化し価格を高く評価してもらうか，コストを削減して同じ価格で販売しても高いマージンを確保できるようにするかのどちらかです。ただし，いずれの方法にしても，お客さまに支持されなければ付加価値は確保できません。利益をあげられない企業は倒産，あるいは事業売却により市場から退出せざるを得なくなります。長期に存続する企業は，事業の仕組みの中に，企業の競争力ならびに事業展開の基盤，企業の経営資源を上手に使いこなし，お客さまの支持を得て高い付加価値を生み出す能力を持っているのです。

● 目に見えない資源（情報）の価値

　企業の競争力を評価するにあたり，先に見たヒト・モノ・カネという3つの物的資源とは別に，情報的資源（組織的資源＝見えざる資産，Invisible Assets）が重要な要素となります。情報的資源には，目に見えない資産として，ブランド，管理システム，技術ノウハウ，経営ノウハウ，企業文化，お客さま

の信用などが含まれます。ヒト・モノ・カネという経営資源を組み合わせて企業は成り立つものの，それだけでは他社と同じ企業活動にとどまります。より高い成果が上がる事業活動をもたらす源泉となるのが「情報」という経営資源なのです。銀行が目利きをするということは，3つの物的資源について十分に定量的な審査を行うとともに，定性的な要素である情報的資源の質を評価し，その企業の存在価値，存続理由を見極めなくてはいけません。

●銀行に必要な目利き能力とは

　銀行に求められる目利きとして，将来性のない企業を見極めて貸し出さない一方で，存在意義のある企業を見出しサポートすることも重要な役割です。もちろん，企業が存続するためには，利益を獲得し続けなくてはいけません。銀行も営利団体です。企業として継続的に社会の公器としての役割を果たすために，必要な利益を稼がなくてはいけません。しかし，それと同時に社会が必要とする企業をサポートし，育成することも銀行の重要な機能です。この役割を果たすためには，銀行員一人ひとりが時代の流れを的確に把握し，企業あるいは個人に対して，銀行の存在意義を認めてもらえるように努力し，サービスを提供し続けなくてはいけません。これは，銀行が組織として取り組むだけでなく，銀行員一人ひとりに求められている課題です。

　特に現在のように低成長時代であり，かつ大きな変化に直面しているときだからこそ，将来性のある企業に対して資金を貸し出し，ビジネスパートナーとして成長するために必要なお手伝いをすることが重要になっています。その役割を認められ，取引を続けるための対価として，金利，手数料を払ってもらえる存在になることができてこそ，銀行の社会的な存在価値は高まるのではないでしょうか。新たに銀行員になった若い人たちにとって，銀行の仕事の中のやりがいは何かということを考えるとき，この難しい課題に直面し，企業の困ったことを先回りして提案営業ができるようになることを考えなくてはいけません。取引先から認められ，感謝されるようになると，銀行の仕事はおもしろくなっていくでしょう。

第4節 貯蓄から投資へ

●家計の直接金融へのシフト

「直接金融vs.間接金融」は企業の資金調達の話ですが，銀行と証券会社といえば，最近の金融界では「貯蓄から投資へ」というテーマがあります。日本は欧米と比べて，現金・預金で金融資産を持っている比率が高く，個人金融資産約1,800兆円のうち52％が現金・預金です（2018年末）。欧米の国々を見ると，アメリカは13％，ユーロエリアは33％と圧倒的に日本よりも低いのです[18]。

こうした状況に対して，1990年代後半から2000年前後から，政府は金融再生戦略の中で，「貯蓄から投資へ」という動きの必要性を示しました。この背景には，利用者における運用メリットがあります。銀行預金の金利が低く，直接金融の株式・債券投資のほうが利回りが高いという状況では，銀行に預けるより直接運用したほうが良いのです。さらに，2016年に始まる日本銀行の「マイナス金利」政策のもと，銀行が提示する預貯金金利は驚くほど低くなっています。定期預金金利0.01％ということは，100万円を1年間預けても100円しか利息が付かないということです。金融商品として見ると「定期預金」による資金運用は「元本割れしない」という魅力はあるものの，資産を増やす効果は期待できません。老後の資金として金融資産を準備している人の中でも，銀行預金から株式や投資信託などの投資商品へと金融資産をシフトさせる動きが増えています。

●直接金融の経済効果

個人の資産運用の観点だけではなく，直接金融の経済活性化に対する効果を期待する発想もあります。バブルが崩壊した後，日本経済の低迷に対し，間接

52　第2章　銀行の仕事

金融の枠組みが必ずしも経済活性化に貢献しなかったという指摘があります。銀行を経由する形で「資金余剰」主体から「資金不足」主体へと資金を移動させる仕組みに依存することが，経済の停滞を長期化させた原因の一つではないかということです。間接金融では，貸出資産の健全性を保つために業績悪化企業への貸出に慎重な姿勢をとりがちです。その一方で，余剰資金を個人の主体的判断で直接的に資金提供する直接金融では，自己の判断で長期的な視点で資産運用するため，成長初期の会社や新技術を持っている企業に対しても資金が向けられる可能性があります。産業全体の収益性が低迷しているからこそ，間接金融ではなく直接金融による資金提供によって，成長部門へ資金が向かうことが求められるということです。政府としても，経済活性化のために個人の資金を活用できるように，NISAなどの仕組みを導入しています。少しでも運用益が期待できる商品を探して投資商品を探す個人の増加という動きが，成長部門に市場の資金を直接的に回して活性化させたい政府の思惑と交錯し，「貯金から投資へ」の動きが進行するようになっているといえるでしょう。

●直接金融を活性化させる官民の取組み

　2016年に金融庁が発表した金融レポートでは，「貯蓄から投資へ」という表現を「貯蓄から資産形成へ」と変更しました。これまで直接金融が拡大してこなかった理由に，日本人の意識の中に「投資」という言葉に，ギャンブルのようなイメージがあるのではないかという指摘もあり，少しでもマイナスのイメージを減らしたいということでしょう。銀行預金の金利が0.01％の状態が長く続けば，預金しておくだけでは，手数料などが発生することで，どんどん資金が目減りしていってしまいます。これからの長期的資産形成に取り組む際には，株式や投資信託などの金融商品の価格の上昇・下落に一喜一憂するのではなく，長期的スタンスで投資していくことが必要です。もちろん，個人でリスクを分析するには情報や知識の制約もあります。「貯蓄から投資へ」の動きが定着するためには，銀行や証券会社を含む外部の専門家からの助言が必要不可欠です。銀行や証券会社も，各個人が長期的視野に立って安定的に資産形成し，

第4節　貯蓄から投資へ　　53

老後の資金の心配なく生活していける基盤が整うように，さまざまな金融商品を提供し，「貯蓄から投資へ」という流れに応えていく責任を担っているのです。

　銀行も運用商品のメニューを揃えるようになりました。銀行員の仕事は，個人のお客さまに対して，余剰資金の運用として定期預金を勧めるだけでなく，債券窓販，生命保険など多様な資産運用の助言ができるように金融商品販売の知識が要求されるようになっています。また，利用者保護の観点から守らなくてはいけないルールとして金融商品取引法が定められています[19]。金融商品を扱う銀行員は，商品知識だけでなく，利用者保護の観点から法律の趣旨を十分に理解して取り組む必要があります。

【表4　各銀行が提供する資産運用「ためる・ふやす」提案商品】

銀行名	運用商品メニュー
三菱UFJ銀行	円預金，外貨預金，投資信託（NISA），ウェルカム・セレクション，外国債券・国内債券・株式等（金融商品仲介），ファンドラップ，終身保険・年金保険等（保険で資産運用），公共債
千葉銀行	安全性を重視した預金（円預金，定期預金，積立定期預金），積極的な資産運用（投資信託，NISA・つみたてNISA・ジュニアNISA，外貨預金，個人向け国債・国債，資産運用応援プラン，退職金運用プラン，金融商品仲介業務）
三井住友信託銀行	投資信託，投資一任運用商品，生命保険，定期預金，外貨預金

（出所）各社ホームページより筆者作成（2018年10月10日現在）。
　　　三菱UFJ銀行（http://www.bk.mufg.jp/tameru/index.html）
　　　千葉銀行（http://www.chibabank.co.jp/kojin/saving/）
　　　三井住友信託銀行（https://www.smtb.jp/personal/saving/）

第3章

銀行による社会貢献

銀行が果たす最大の役割は経済が円滑に回るように適切に金融仲介を行うことです。同時に，仲介業務のほかにも多くの部署があり，多様な業務を担っています。複雑な経済環境のもと，取引先が銀行に寄せる「高度な金融テクニックを活かした事業サポート」に対する期待に応えることが重要です。また，健全な企業経営が行われていることを監視する役割（コーポレート・ガバナンス）も期待されていましたが，最近は株式市場がその役割を担うように変わってきました。

56　第3章　銀行による社会貢献

第1節　銀行が担う金融仲介機能

●銀行の担う社会貢献

　銀行が金融仲介を担うことで，社会全体に「安定的でスムーズな」資金の流れが出来上がらないといけません。この金融仲介機能をもう少し細かく見ると，資金の出し手と受け手の性格の違いを調整していることがわかります。すなわち，家計が持つ余剰資金は総じて少額であり，不規則に利用したいタイミングが生ずる傾向にあります。

　その一方で，企業はまとまったおカネを長期間借り入れたいと考えます。こうしたまとまった資金を一定の期間必要とする企業などの経済主体に対し，相対的に少額ではあるものの，いつ必要となるかわからないが，当面は資金を必要としない家計の資金を融通することで「安定的でスムーズな」資金の流れを実現することが，銀行の果たす仲介（間接金融）の役割です。少額で不規則な供給と多額で規則的な需要のマッチングです。金利はこの仲介行為を成立するために利用されているといえます。預かるおカネに銀行が利息を支払うことで，余剰資金を持っている家計は預金を預けようという気持ちになるでしょう。こうして銀行に預金が集まるから，資金を使いたいと思う企業に資金を貸し出すことができるわけです。

　また，これまでの説明の中では，銀行が担う金融仲介によってつながれる主体として，「余剰資金を持っているヒト（家計）と，資金を使いたいと思っているヒト（企業）の間を同一時点においてつなぐ仲介」を念頭に置いて，その機能・役割を説明してきました。このとき，銀行は資金を預けてくれた預金者に代わって，借り手の信用状況を審査することとなります。

第1節　銀行が担う金融仲介機能　　57

●金融仲介の役割

　実は，銀行が担う仲介には，もう一つの性格があります。それは「今，使い
たい資金使途を持っている自分に対し，将来の自分において生ずると予想され
る余剰資金を仲介」する取引です。すなわち，将来の自分から現在の自分への
資金仲介です。例えば，自宅を購入するために住宅ローンを組み，30年かけて
返済するという金融取引を考えてみましょう。

　もちろん，短期的に住宅ローンとして借りる資金は，どこかの誰かが預金と
して預けたお金ではありますが，その返済方法という点に着眼すると，現在の
資金需要に対して，将来的な資金創出能力を期待して資金を借りていると考え
ることができます。このときの銀行の審査は，借り手が今後30年間にわたって，
借入金を返済し続けることができるのかを審査することとなります。もちろん，
現時点での借り手を審査するときにも，現在の企業活動が正常に行われている
かということとともに，借り入れている期間を通じて健全な経営が行われ，返
済能力があり続けるかということを審査しているという意味では，先に見た企
業向け貸出も同様の着眼点で仲介されています。

　この2つの仲介をスムーズに行うことが銀行に期待されているのです。なお，
繰り返しになりますが，このとき銀行に期待されているのは，資金を必要とす
るすべての経済主体に資金を提供するのではなく，選択的に融通することです。
社会に必要な存在である企業を見極め，貸出を実行すること，すなわち「審
査」できる能力は，間接金融を担う銀行に期待される重要な役割といえるで
しょう。

【図8　ライフプランの中での借入のイメージ】
【仲介パターン①：同一時点における別々の経済主体間での資金仲介】

【仲介パターン②：異時点間での時間差資金仲介（同じ経済主体間の資金仲介）】

（出所）一般社団法人全国銀行協会「マナブとメグミのお金のキホンBOOK」を参考に筆者作成。
https://www.zenginkyo.or.jp/special/money-highschool/data/textbook/k_t_all.pdf

　現在のような低金利の経済環境下では，手元に現金として持っていても，銀行に預金として預けてもあまり変わりはありません。そうなると預金者の預けたいという気持ちは低下してしまいます。あるいは，銀行に預けても正しく運用してくれるという信頼が持てないときも，預金者は銀行に預金を預けようとは思わないでしょう。

　銀行に預けられている預金が少なくなったときに，企業の資金需要が旺盛であれば，貸出資金を集めるために預金の金利が上昇していくはずです。金利を上げても，預金が集まらなければ，貸出先が選別されるということが起こるかもしれません。しかし，企業の資金需要は金利を下げても旺盛にはなりません。低金利で経済成長も緩やか，資金需要が旺盛でないという条件が揃ってしまうと，銀行が金融仲介機能を活かし経済を活性化するという役割を担うことは難しくなってしまいます。こうした経済環境から，銀行が経済を活性化させる役割を十分に果たせない状況が続いているといわれているのです。

第2節 間接金融における仲介者の役割

　仲介取引の社会的意義について考えてみましょう。通常，モノの仲介機能を担う商業者は生産と消費の仲介を担うことで，生産者はより効率的に生産をすることができ，消費者はより多くのものを手に入れることができると考えられます。金融においても同様に，おカネの仲介機能を担う銀行を経由することで，資金余剰者が資金需要者に対し直接的に資金を提供するよりも，資金移動が効果的・効率的に行われているでしょうか。

　商業者は，生産者から仕入れて転売するときに仕入価格よりも高い価格で販売し利益を得ています。金融においても，預金金利よりも貸出金利が高いため，その金利差が銀行の収益源となります。このとき，仲介者が入ることで社会全体に対する付加価値が生じていなければ，仲介者が入る必要はありません。仲介業者は，仲介行為を通じていくつかの社会経済的な機能を担っているからこそ，存在が許されるのです（⇒コラム(1)　商業者が担う社会経済的な役割）。

● 金融仲介の社会的役割

　金融取引を仲介業務として捉えてみた場合に，銀行は商業者と同じように社会経済的な役割を果たしているのかを考えてみましょう。

①　銀行は預金者と借入人の間で資金を仲介するだけでなく，預金者に対しては魅力的な運用商品の提案を行うことで預金しやすい環境を作り，借入人に対しては，期間・返済条件・金利条件・担保条件などを細かく設定することで，取引がスムーズに行われるようにしています。これは，商業者における「流通連鎖の実現」と同様の効果があり，双方のニーズに沿った

品ぞろえにより資金の流れをスムーズにしているといえるでしょう。

② 銀行は，間接金融によって特定の企業に貸し出すのではなく，多くの貸出人に分散して貸出を実行しています。取引先の分散によって，不確実性はプールされ，貸出人の倒産により銀行そのものの業績が悪化するリスクを軽減していることになります。

③ また，情報の集約・整合機能は，まさに取引先にとって銀行取引を続けることの副次的な効果として期待するものであり，この情報提供ができなければ銀行の魅力は半減してしまうでしょう。

④ 銀行に預金をしている小口の預金者にとっては，企業に直接に資金を提供するために，取引先を探索し与信判断をすることは，探索費用・契約費用などの取引コストがかかりすぎて，事実上実行することは不可能ですが，銀行が間に入ることで，多くの企業への貸出機会を見出し，預金者の資金が効果的に利用される取引機会を提供しているといえます。

　こうして一つずつ，銀行の役割を見ていくと，その担う業務の重要性，社会からの期待に応えていることがわかります。銀行は金融取引の中で，それぞれの重要な機能を担い，社会に求められる存在であることは間違いありません。銀行が担う仲介機能の社会的な役割は，戦後の環境変化の中で，少しずつ形を変えてはいますが，継続的に社会に必要な機能を提供し続けてきました。そこで一つ疑問が生じます。銀行に期待される金融仲介という業務は，どの程度難易度の高い業務でしょうか。それが難しい仕事であるとしたら，どこにその要因があるのでしょうか。銀行の業務の難易度については，「情報の非対称性」と「モニタリングの必要性」に基づいて考えることができます。

● 情報の非対称性・モニタリング

　通常，銀行が貸出を実行しようとする時点で，そもそもの前提として，借り手である企業が返済できる可能性がどの程度あるのかに関する情報は，貸し手である銀行よりも借り手本人のほうが多く持っているはずです（情報の非対称

性）。銀行は貸出を実行するにあたり，その企業の提供する商品・サービスが社会にどのように受け入れられているかを評価し，その業務が将来的に創出するキャッシュ・フローを予測し，信用度を判断しなくてはいけません。もちろん，十分に判断できない場合には，担保などによる信用補完を行いますが，原則は企業の成長可能性，存続可能性を評価する必要があるのです。この評価するということの業務上の難易度は非常に高いものがあり，その結果として，銀行の存在価値は社会的に認められるものとなっているといえます。

　また，銀行が解消しなくてはいけない情報の非対称性については，将来の変化を織り込んだものとして取引を考えなくてはいけないという問題もあります。先に見たように，銀行の仲介業務は，現在の自分と将来の自分の間の仲介取引でもあります。企業におカネを貸すときには，将来的にその借り手がちゃんと返済をすることができるかを審査しなくてはいけないということです。長期資金であれば，貸出時点で審査するだけでなく，貸出を行った後でも，そのまま放置すると契約以外の支出を行う可能性があるため，常時，監視をする必要もあります（モニタリングの必要性）。貸出実行時点で審査をして返済能力があることが確認されたとしても，貸出をしている間にも，景気動向によって返済能力が低下する可能性もあります。借り手に対する情報の非対称性を解消するために，これらの状況を予測しモニタリングし続けることが銀行には求められているのです。

　資金を持っている人が独自に同様のことを行おうとしても，銀行が行う以上にコストがかかるか，そもそもその能力がないということもあるでしょう。銀行が貸し手と借り手の間を仲介し，これらのコストを負担することで，金融に関わる社会的コストを下げる役割を担っているのです。そのほかにも取引先のニーズに沿った商品開発をオーダーメイドで作り上げることも期待されています。これらの業務を通じて，銀行業務は難しい業務であると評価されているのです。

　ただし，こうした難しい業務が銀行に期待されているとはいえ，その役割は時代とともに変わっていることを認識しなくてはいけません。また，これまで

62 第3章 銀行による社会貢献

見た機能のうち，必ずしも銀行にしか提供できないものではなくなっている場合もあります。社会的環境の変化，技術革新などによって，銀行を取り巻く環境は大きく変化しています。新しい時代に即した「仲介機能」を提供できるように銀行は変わっていくことが求められているのです。

コラム(1)　商業者が担う社会経済的な役割

　商業者は生産者と消費者の間を仲介することで，いくつかの社会経済的な役割を果たしています。商業者がいることでどのようなメリットがあるのか整理してみましょう。

① まず，生産（川上）と消費（川下）の間ではいくつかの取引が連続的に発生しているのですが，それぞれのタイミングで取引がスムーズになるのは，川上の企業が川下の期待に備えた品揃え・運送形態を作るからです（流通連鎖の実現）。

② 次に，消費者に近づくほど需要（数量・質・品揃えなど）にバラつきが出てくるようになり，それに応えるための在庫を多く持たなくてはいけなくなるのですが，流通過程での在庫を消費者に近いところではなく，より川上に近いところに在庫するように変えると，それぞれの場所で発生するバラつきを相殺することができ，全体としての在庫の総量を少なくすることができます（不確実性プール）。

③ 商品情報あるいは購買情報などの取引に関係する情報について考えると，川上業者あるいは川下業者が個別に情報収集するよりも，それぞれの企業と取引をしている中間業者のところに情報が蓄積・整理されることで，情報を有効に収集することができます（情報集約・整合の機能）。

④ 生産者が小売店と直接取引をしようとすると，小売店の数だけ商品を届けるトラックを用意しなくてはいけなくなりますが，中間に商業者が入ると，生産者は商業者のところに荷物を届ければよいことになり，直接取引をしていたときよりは，取引の総数を減らすことができます（取引総数単純化）。生産者と消費者の間に商業者がいることで，個別に結ばなくてはいけない契約のための費用や，物流のための費用などの取引費用，あるいは取引相手が信用できるか調べる費用などが社会全体として削減される効果が期待できます（社会的コストの削減）。

第3節 金融仲介以外の銀行の機能

●信用創造

　金融仲介以外にも銀行が担うことが期待されている機能はあります。一つ目は，信用創造機能です。信用創造機能とは，家計が預けた預金を，銀行が資金を必要としている企業（A）に貸し出すのですが，その銀行から借入をした企業が，例えば仕入代金の決済のために，別の企業（B）に支払ったとします。その支払いを受けた企業（B）が，そのおカネをすぐに使わないからということで，再び預金として銀行に預けたとします。この「預金⇒貸出⇒預金」という銀行取引が繰り返されると，最初に家計が預けた預金の金額（おカネの総量）が増えないまま，社会における通貨の流通量が増加することになります。これが信用創造機能です。このとき，銀行は預かった預金の全額を貸し出すのではありません。一部の資金は，預金をした人が払出に来るかもしれませんから，その払出要求に備えて，手元に残しておきます。結果として，その手元にどれだけおカネを残すのかという比率に応じて信用創造され，通貨の流通量が増えることになります。

【図9　信用創造の仕組み】

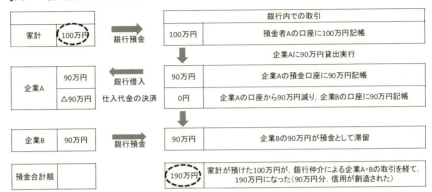

(出所) 一般社団法人全国銀行協会「マナブとメグミのお金のキホンBOOK」を参考に筆者作成。
https://www.zenginkyo.or.jp/special/money-highschool/data/textbook/k_t_all.pdf

● 資金決済機能

　次の銀行が担う機能は決済機能です。決済機能とは，預金者の要請により，銀行にある口座から代金引き落としや振込み，送金等を行うことで，経済取引をスムーズに実現する行為です。企業間，個人間などの各経済主体の間で，現金を使うことなく資金移動ができることで，経済がスムーズに回ることとなります。

　資金決済機能に，先に説明した金融仲介機能，信用創造機能をあわせて，金融の3つの基本的機能と呼びます。

【図10　資金決済機能について】

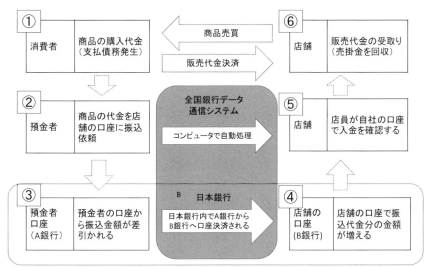

（出所）一般社団法人全国銀行協会「マナブとメグミのお金のキホンBOOK」を参考に筆者作成。
https://www.zenginkyo.or.jp/special/money-highschool/data/textbook/k_t_all.pdf

● 提案営業

　以上の3つの基本機能のほかに，銀行には助言機能が期待されています。この助言機能については，銀行の中では，「提案営業」という形で，銀行員に対し取引先の企業の役に立つような提案・助言を行う業務として取り組まれています。例えば，取引先企業が多額の資金が必要となるような重要な局面（大型投資，海外展開，事業買収，業績悪化）に際し，どのように進めるべきか，相手の立場に立って一緒に考えるようなことがあげられます。

　また，企業の成長につながるようなビジネスアイデアを提供するというだけでなく，ビジネスを円滑に進めるためのパートナーを紹介するような機能も期待されており，販売先の紹介や原材料の調達など，ビジネスに直結する取引先を紹介するビジネスマッチングも助言機能の一つといえます。そのほかに，経営危機に直面したときには，資金協力も含めた最後のよりどころ（ラストリゾート）としての役割が期待されています。個人向け取引に関しても，借入に

関する相談のほか，資産運用や事業承継，相続などに関する相談に応えること
が求められています。

●銀行に必要なリレーションシップ

　単に，3つの基本的機能を提供するだけでは，取引先にとって，お付き合い
をする価値のある銀行にはなれません。「カネ余り」の時代に，同質競争を続
けていても取引は拡大しません。日常のリレーションシップの中から感じ取る
取引先の悩みに対し，銀行の持つ国内外のネットワーク，知識基盤を活かして
役に立てなければ，お客さまに選んでもらえないような時代になっているので
す。

　銀行の企業活動の基本は金融仲介ですが，これまで見たようにそれ以外の機
能も担っています。幅広い機能の提供を期待されている中で，銀行はどうした
らよいのでしょうか。大事なことは，これまで見たように，まず，各銀行はそ
れぞれの企業の経営理念（ミッション，バリュー，スローガンなど）に沿って
企業ドメインを定め，企業活動を行うことです。また，一つの取引先にはたく
さんの銀行が出入りしているのですから，その中で違うということをわかって
もらうことです。それは，銀行員一人ひとりの意識の中で，他の銀行員と自分
は違うということを認めてもらう努力をすることです。競争相手と差別化をし
なくては，企業も個人も生き残ってはいけません。

第4節 銀行の各事業部門の業務内容

●銀行の手掛ける業務

　銀行の中心的な業務は，これまで見てきたように金融仲介業務ですが，その機能に付加価値をつけるために，多様な業務を手掛けています。与信部門，受信部門など銀行の固有業務以外に銀行が行っている業務のうち，銀行法で定められている業務を付随業務，銀行法に定めのないものを周辺業務と呼んでいます。付随業務としては，債務保証，社債の募集・委託，手形引受け等の18種類の業務が認められています[20]。また，周辺業務とは，クレジットカード，リース，信用保証等の業務のことをいいます。銀行法に定めのない周辺業務を，銀行は直接営むことができないため，子会社を作って間接的にお客さまにサービス提供を行っているのです。

　銀行本体の組織図から，銀行がいくつかの事業部門に分かれていることがわかります。金融仲介に関わる部門としては，与信部門と受信部門があげられますが，そのほかの部門もたくさんあります。現在の銀行の中では，専門化が進み，細かく部署が分かれているため，名前を見ただけではどのような仕事をするのかわからないような部署もあるほどです。法人取引先に対して提案営業を行いアドバイザリー手数料などの収受による収益獲得を狙っている部門もあります。手数料ビジネスとしては，証券業務や保険業務の分野にも進出し，銀行業務のほか，証券業務，信託業務を子会社が担うような組織づくりも行われ，先に見た周辺業務を担う企業とともに，金融グループを組成しているケースも多く見られます。

68   第3章　銀行による社会貢献

● 銀行の業務内容（組織図）

　最初に与信部門・受信部門の説明を行い，そのあとに，銀行の組織として設置されている部門をあげ，それぞれの部門が企業の取引に対して果たした役割，銀行の経営に与えた役割などに分けて，その業務内容について見てみましょう。

【表5　メガバンク組織内主要部門概要】

① みずほ銀行（2019年4月1日）

部門名称	主な部署
リテール・事業法人部門	リテール・事業法人業務部
	新宿営業部，東京法人営業部…
	営業店（各支店…）
	法人推進部，宝くじ部…
大企業・金融・公共法人部門	コーポレート・インスティテューショナル業務部，ストラテジック・インベストメント部…
	営業第一部，営業第二部…
	金融法人第一部，金融法人第二部…
グローバルコーポレート部門	グローバルコーポレート業務部，中国営業推進部…
	米州地域本部（米州営業第一部…）
	欧州地域本部（欧州営業第一部…）
グローバルマーケッツ部門	市場開発部，米州資金部…
	ALM部，国際為替部，デリバティブ営業部…
アセットマネジメント部門	アセットマネジメント業務部
グローバルプロダクツユニット	シンジケーション部
	ストラクチャードファイナンス営業部
	外為営業部
リテールコンサルティングユニット	リサーチ＆コンサルティング業務部，産業調査部
その他本部部門	企画グループ，財務・主計グループ，リスク管理グループ，人事グループ，IT・システムグループ，事務グループ，コンプライアンス統括グループ

（出所）みずほ銀行組織図より筆者作成。

②　三井住友銀行（2019年6月27日）

部門名称	主な部署
リテール部門	リテール統括部，チャネル戦略部，ローン業務部…
	エリア（支店，プライベートバンキング営業部…）
ホールセール部門	ホールセール統括部，公共・金融法人部，企業審査部…
	コーポレートバンキング本部（地域法人営業本部…）
	グローバルコーポレートバンキング本部（本店営業本部…）
	コーポレートアドバイザリー本部
	トランザクション・ビジネス本部
国際部門	国際統括部，国際業務開発部，米州統括部…
	米州本部
	グローバル金融法人部，国際金融法人部…
市場営業部門	市場営業統括部，市場資金部，市場営業部…
ファイナンシャル・ソリューション部門	ストラクチャードファイナンス営業部，デット・ファイナンス営業部，不動産ファイナンス営業部…
コーポレートサービス部門	管理部，事務統括部，市場決済部，支店サービス部，営業サービス部…
コンプライアンス部門	総務部
コーポレートスタッフ部門	広報部，経営企画部，財務企画部，関連事業部，人事部…
リスク管理部門	リスク統括部…

（出所）三井住友銀行組織図より筆者作成。

◆ 与信業務（貸出・審査）

　企業や個人に資金を貸し出す部門を，貸出先に信用を与えるところから，与信業務という呼び方をします。与信業務には，貸出業務のほかに，割引手形，支払承諾業務などもあります。これまで説明してきた金融仲介の機能を担う部門です。業務の内容として，企業向け貸出と個人向け貸出があります。与信業務で貸し出す資金は，受信部門（預金業務）によってお預かりしたおカネです。

　企業向け貸出を重点的に取り組むのは，本店営業部／法人部あるいは支店の営業課／融資課です。事業を営む取引先に対するさまざまな種類の融資をはじ

め，幅広く顧客接点となり，多くの依頼を引き受けます。貸出取引のほか，それぞれの企業の状況に合わせて，取引先紹介や商材あっせんをすることもあります。提案営業を行う場合に，大企業向け取引では成長戦略につながるような海外進出やM&A（Merger and Acquisition）の提案を行うようなこともあります。このとき，担当者は取引先の事業の状況に応じて，取引先の代弁者として，投資銀行部門やストラクチャードファイナンス営業部門の担当者と一緒に提案内容を考え，取引先のニーズに合ったソリューション提案ができるようになっていかないといけないのです。また，中堅・中小企業向けの営業の中では，経営者に対する事業承継の相談などが増えています。

　支店の営業課／融資課の仕事として，企業向け貸出が伸びなくなる一方で，個人向け貸出の増強を収益力強化に向けた営業戦略と位置づける銀行も多くなっています。住宅ローンやマイカーローンなどの個人向け各種ローンなどがこれに含まれます。主に支店の窓口で借入申込みを受け，貸出を実行します。

　銀行が企業に資金を貸し出す際に，企業から借入申込書類として，営業活動の状態や資金計画の書類を提出してもらいますが，こうした書類は，銀行がその企業の信用状態を判断するために使用するものです。現場（支店，営業部）で貸出実行の可否を判断するケース（支店決裁）もありますが，多額の貸出を実行する場合には，本部決裁として，審査部門が与信状況の判断を行うことになります。逆に，最近では，借入申込書に必要事項を記入するとAIが審査し，貸出実行の可否を決めるような事例も出ています。この借入申込書類に基づき，銀行は正しく審査をしなくてはいけません。また，虚偽の記載があると正しく判断できないこととなり，場合によっては「詐欺行為」にあたるものとみなされる場合もあります。

◆受信業務（預金）・為替業務

　預金業務は，預金者の資産を管理・保管する業務です。預金者から信用を受けておカネを預かるところから，受信業務といいます。個人や企業を問わず，数多くのお客さまから資金を預かります。預金業務（当座預金，普通預金，通

知預金），定期積金業務などがあります。当座預金は企業が小切手や手形を振り出すために開設し決済資金を預かる口座です。普通預金は，企業も使用しますが，主に家計の生活に必要な資金として預けておく口座として利用されます。そのほか運用口座として，通知預金や各種定期預金があります。最近では，預金を預かる仕事だけでなく，金融商品の窓口販売も積極的に行うようになっています。

　為替業務は，振込や送金で債権や債務の決済を行う業務です。預金部門と一緒に仕事をすることが多く，資金決済を行い，企業活動を支えるものであるため，常に信用関係が発生します。金融システムの根幹を支える役割を担うこともあり，これまでは銀行固有の業務として位置づけられてきました。銀行口座間の資金移動により，支払いや受取りをします。為替部門の業務のうち，代金振込に関しては，コンビニエンスストアの窓口でも受け付けられるようになってきました。また，近年では，窓口だけではなく自動振込機や，インターネットなどを使って振込を行うサービス，さらには貿易取引に関連したサービスなども為替部門が行っていることが多く，こうしたサービスに対するフィービジネスも銀行業務の大きな柱となっています。

◆市場業務

　外国為替，金利（長期・短期），株式など，市場参加者の売買取引によって価格が変化する金融商品を扱う仕事です。金利ディーラー，為替ディーラーなどの専門性の高い銀行員が職務を担い，ポジションのとり方次第で，その銀行の収益を大きく左右することもあります。例えば，外国為替相場という価格が大きく変動する金融商品を扱う為替ディーラーでいうと，取引先あるいは自分たちのポジションでの投機的な売買によって収益を上げることを狙うプロップディーラー（自己売買）の業務と，取引先のニーズに合わせて外国為替を売買するカスタマーディーラーがいます。カスタマーディーラーは，取引先が海外から輸入した商品の代金を支払うためにドルを買いたい，あるいは輸出した商品の代金がドルで支払われたので，国内で使用できるように円に替えたいなど

72　第3章　銀行による社会貢献

の外国通貨の実需取引のお手伝いをして，輸出入業務に対する為替決済業務を担います。この業務に従事する人は幅広い市場知識と高度な技術を駆使して儲けることができる職務として専門性が要求され，高い報酬で専門職として採用されることもあります。

【表6　外国為替取引における輸出取引・輸入取引】

輸出取引	自動車などの製品の輸出販売代金は外貨（ドル）で受け取るため，日本国内で円貨として使用するにはドル売り円買い取引が発生します。	輸出取引が増えると，為替は円高になります（例：1 \$=110円⇒100円）。円高になると輸出企業は円建ての販売代金が目減りするので利益が減少します。
輸入取引	海外から石油などの資源を輸入するときにはドルで決済することになるため，支払準備のために円を売ってドルを買う必要があります。	輸入取引が増えると，為替は円安になります（例：1 \$=110円⇒120円）。円安になると輸入商品価格が上がるほか，原材料費が上がり利益が減少します。

（出所）各種資料より筆者作成。

　市場部門の業務は，日本経済の成長とともに大きく内容を変えてきました。1980年代以降は日本経済の国際化の進展や金融市場の自由化によって重要性が高まってきました。バブル時代には，市場取引が拡大したことで，為替変動あるいは金利変動が銀行の収益に大きな影響を与えていました。現在の市場業務は，収益を上げるという役割もありますが，銀行が被る価格変動リスクを減らすという重要な役割も担っています。

◆ 国際業務

　海外部門とも呼ばれ，日本企業の国際化をサポートする形で発展してきた部門です。日本企業が海外でビジネスを行うときのお手伝いとして，現地でのビジネスに必要な資金を融資する仕事が発生するほか，日本国内の海外担当セクションと海外の現地拠点が連携して必要な情報を収集し提供することなどが主な仕事です。こうした機能も日本経済のグローバル化が進展し海外との関係が深まる企業が増え，銀行のサポート内容も変化してきました。

戦後から高度経済成長期までは，輸出は拡大していましたが，まだ海外に展開する日本企業は多くありませんでした。日本製品の輸出拡大により，銀行の国際業務は，輸出ビジネスのサポートが主な業務となりました。1980年代以降，企業活動の海外との関係がより一層密接になり，輸出先としての海外市場から製造拠点へと変わっていきます。さらに，2000年代に入ると日本経済のグローバル化が進展し，大企業だけでなく中堅企業までも海外へ進出するようになりました。現在では日本と海外の関係は国内に多数の外国人が入ってくることによって生ずる「内なる国際化，インバウンドの動き」へと拡大しています。この間に，日本の銀行の海外でのポジションも大きく変動しました。バブル経済のころは，日本の都市銀行は格付最上位の信用力（AAA）があり，世界のトップバンクでしたが，バブル崩壊後不良債権の増加により，海外資金の調達ができなくなるような時期も経験しています。

日本企業と海外市場との関係が変化する中で，銀行に求められる国際業務も変わり，企業が銀行に期待する業務範囲は急速に拡大していきました。海外市場での経験が浅い時代には，取引先が海外事情を把握するために行う視察のサポートを行うことは重要な業務でした。銀行は，取引先に対し，海外情報の提供を中心に行っていました。その後，大手企業だけでなく，中小企業まで海外進出を考えるようになり，銀行の中での海外部門の位置づけも変わっていきました。海外で製造拠点・販売拠点を設立するとなると，現地での設備投資に係る情報提供，現地での投資資金の貸出などが必要になります。さらに進むと，海外企業の買収案件（M&A）が増えてきます。海外企業の情報を調べ，買収価格を精査し成功に導くために，銀行および証券会社などが企業の活動をサポートすることが求められます。

貿易実務のための海外部門から，海外での製造拠点・販売拠点投資のサポート，さらには，海外企業の買収サポートまで，現在の海外部門は広く業務に取り組むようになり，国際業務の内容は大きく変わりました。限られた一部の人だけが国際業務を担う時代から，誰もが海外と関係しながら仕事をする時代となり，すべての銀行員は国際業務を担うようになっていったのです。

◆投資銀行業務

　投資銀行（インベストメントバンク）にはいくつかの業務が含まれ，海外では主に証券会社が担っています。日本でも証券会社が投資銀行業務を行っていますが，銀行も，金融グループの中で証券会社とともに投資銀行業務を担うこともあります。主に法人大口顧客を対象にして，債券を発行して資金を調達するときのお手伝いをしたり，M&Aのアドバイザリー業務を行ったりするのが仕事の内容です。本書では，このうち，銀行の行うM&Aについて取り上げます。なお，M&Aについては，一つの企業が別の企業を吸収する企業買収（Acquisition）と，2つの企業が1つになって新たに企業を作る企業合併（Merger）があります。買収が行われると，通常，被買収企業の経営権は買収した企業に移ります。

　企業が成長を追求する戦略として企業買収を仕掛ける目的は，自社が保有する既存の経営資源に対し外部の新たな経営資源を加えることで成長を追求することにあります。既存の事業と同じ分野でM&Aを仕掛ける場合には，規模の経済性の追求によるコスト削減や，市場シェアの拡大による波及効果が期待できます。また，新たな事業領域で企業買収を仕掛けることで，成長に向けた次なる一手を打ち，大きく企業の態様を変えて成長させることも考えられます。M&Aは他社の資源を併せることで，事業間のシナジーによる収益の拡大や，範囲の経済性によるコスト圧縮を狙って実行されます。他社の資源を取り込み，新たな事業機会の獲得あるいは既存の事業の規模拡大を素早く実現することで，「成長のための時間を買う」ことになります。

　企業と銀行の双方にとってメリットのあるM&Aが実現すれば，"Win-Win"の関係になるはずです。銀行などの金融機関は，M&Aの対象企業の紹介や，買収価格の算定，契約書の作成などの業務をサポートすることになります。アドバイザリー手数料のほかに，取引先企業がM&Aを行えば買収資金が必要になるので貸出機会もあるでしょう。買収によって企業が成長することで，企業の成長を支援する銀行としても，取引機会が増えることが期待されます。一方，企業からすれば，銀行は多くの企業と取引をしており，それぞれの企業の経営

環境も把握しているはずです。銀行から買収候補企業を提案されたとあれば，そのような背景も考え，一度検討してみようという気持ちになってもおかしくありません。こうした思惑が重なり合い，銀行のM&Aアドバイザリー業務は拡大しているのです。

◆ストラクチャードファイナンス業務

　ストラクチャードファイナンスとは，資金需要のある企業が，証券化等の仕組み（Structure）を利用して資金調達を行う手法のことです。不動産流動化，債権流動化，プロジェクト・ファイナンス，LBO（Leveraged Buyout）などの業務があり，銀行はこれらの金融商品を組成することで手数料収入を得ます[21]。ここでは，流動化の仕組みについて説明します。

　流動化は，企業が所有している資産を切り離して，資金調達する仕組みです。最初に，企業は所有資産を分離し，SPC（Special Purpose Company; 特別目的会社）に譲渡します。SPCは企業から譲り受けた資産から生じるキャッシュ・フローをもとに金融商品（債券）を組成します。こうして組成された金融商品を投資家に仲介販売することで，投資家からSPCに資金が入り，その資金がSPCから企業へ，資産を譲り受ける代金として支払われることとなります。こうした一連の流れによって，企業は資産を切り離した際に資金を調達できるとともに，総資産を圧縮（オフバランス化）することができるのです。なお，切り離す資産はキャッシュ・フローを生むものであればよいので，営業用不動産（店舗，倉庫，工場など）のほか，金銭債権（リース，売掛債権など）などが対象となります。

　企業がこの仕組みを利用するメリットは何でしょうか。それは，企業の信用力から独立して，資産そのものの信用力（資産が生むキャッシュ・フローに対する評価）に基づいて資金調達をできることにあります。安定的にキャッシュ・フローを生むような資産であれば，この切り離された金融商品は高い格付けを取得することができます。企業の信用力から独立した「資産そのものの信用力」で評価された金融商品が組成されることで，企業が直接借り入れるよ

りも低コストの資金調達ができる可能性があるというわけです。さらに，企業にとっては資金調達手段の多様化に加えて，オフバランス化によるバランスシートの圧縮や自己資本比率の改善などの効果も期待できるのです。

このようにストラクチャードファイナンス部門では，企業のニーズに合わせた高度な金融手法を活かしたサービス提供により，アドバイス手数料を獲得しているのです。

◆ **本部（経営企画・総務・管理・調査・秘書）**

銀行には，これまで見てきた「お客さまと接する現場（営業部，支店）」と「それをサポートする市場部門・国際部門などの専門部署」に対し，本部組織があります。本部組織では，経営全体の方向性を決めていく全体的な戦略構築のほか，与信業務や国際業務あるいは商品開発など，部門の業務方針を決めています。また，銀行業務はライセンスに基づいて営業されていますので，当局（財務省，金融庁，日本銀行，経済産業省など）との交渉をする窓口担当者は，銀行経営にとって非常に重要な役割を担っています。

銀行の組織的な活動として，各現場で営業方針が異なっていてはお客さまに迷惑をかけてしまいかねませんので，通常，本部が決めた方針に沿って，現場は業務を行います。本部機能を担う部署としては，新商品の開発や取引方針を定めたりする部署のほか，人事部門や総務部門，管理部門，調査部門などが現場での営業活動がスムーズに進むようにサポートしているのです。

第5節 コーポレート・ガバナンスに関する銀行の役割

　銀行が社会に対してどのような役割を果たしているのかを見てきました。本節では，コーポレート・ガバナンスに関して，銀行にどのような役割が期待されているのか，その期待がどのように変化してきたのかを説明します[22]。

●銀行に対するコーポレート・ガバナンスへの期待の変化

　従来，日本社会の中で銀行に期待されていた重要な役割の一つに，取引先企業の経営を監視する役割があります。すなわち「コーポレート・ガバナンス」の担い手としての機能が期待されていました。銀行には，企業に対し資金を貸し出すだけでなく，企業が規律ある行動をとるための監視役的な役割も担っていたということです。

　現在は，銀行をめぐる環境が大きく変化することによってこの役割を果たすという点において影響を受けることになりました。銀行に対してコーポレート・ガバナンスにおける役割期待が変質しているのです。時代とともに，企業に対する銀行による監視機能が十分に機能しなくなる一方で，企業は市場からの期待に応えるように，コーポレート・ガバナンスの仕組みを整えていますが，実際には，不祥事も多く発生するようになっています。

●コーポレート・ガバナンスに対する意識変化

　日本においてコーポレート・ガバナンスが問題視されている理由は，①1990年代はじめよりのバブル崩壊とこれに伴う不祥事の続発，②バブル崩壊後の企業業績の悪化・低迷，③外国人投資家による日本企業の企業統治への関与，④国際的な規模で企業統治の問題を考える必要が出てきたこと，等の状況変化が

見られるようになってきたからです。グローバルに活動するためにも，企業には規律ある行動が求められるようになっています。こうした時代の変化を踏まえて，従来の経済構造の中で，銀行が担っていた役割を見直してみることは，今後の社会変化の中で，銀行がどのような役割を果たすことができるのかを考えるヒントとなるでしょう。また，銀行と企業との向き合い方についても，改めて考えることができるでしょう。

● メインバンクの役割

　企業の銀行取引は，一行だけと取引するのではなく，複数の銀行と取引をしています。そして，その中で主として取引する銀行をメインバンクと定めています。メインバンクは，企業が取引をしている銀行の中で，特に深い取引関係を持ち，複数の取引銀行の中で最大の貸し手であるとともに，大株主であり，役員を派遣することもあります。このような密接な関係にあるメインバンクは，企業活動を資金面で支えるだけでなく，企業のコーポレート・ガバナンスにも重要な役割を果たし，ひいては，それが社会全体としての規律にもつながっていたといえるでしょう。

　メインバンクは，取引先企業のことを深く理解し，その企業が行う大きな経営意思決定をサポートするとともに，不測の事態に至ったときには支える存在でした。そのような存在だったから，メインバンクが企業の監視役となることで，不祥事が発生することが少なかったといえるでしょう。企業側としても，銀行との間で信頼関係を築くために，メインバンクは常日頃から取引先の経営陣と密接に情報交換を行っています。企業はメインバンクにその企業の情報をすべて開示し，必要な取引を集中させていました。

　銀行がコーポレート・ガバナンスを担っていた理由として，一つには，企業の資金需要が旺盛で事業資金の出し手である銀行の立場が強かったことがあげられます。当時は，企業経営の中で，不祥事が発生しないように，銀行の取引窓口，あるいは銀行出身の財務担当者がその企業を監視する役割を果たしていました。また，同じ企業集団に属する企業は相互に協力し監視し合うという仕

組みがあり，その中で集団の主要メンバーである銀行がメインバンクとなることで，企業集団全体のチェック機能を担っていました。また，メインバンクは，大株主としての役割と併せて企業を監視していたともいえます。銀行が大株主になる仕組みについては，株式持合の仕組みがありました[23]。

　株式持合とは，系列企業あるいは取引先，取引銀行などに自社の株式を保有してもらい，その代わりに自分も相手の株式を所有することで，お互いに「安定株主」となる仕組みです。経営者にとっては，自社の株式を大量に保有する大株主が存在し，敵対的な立場で経営に注文をつけられると思ったように経営できなくなり，おもしろくありません。そういう事態にならないように，自分のことを尊重してくれる企業・経営者に自社の株式を「持ってもらい」大株主になってもらっていたのです。この株式持合の構造の中で，取引銀行は重要な役割を果たしていました。

●金融・資本市場の整備と株主への責任

　直接金融を行うための金融・資本市場が未整備であったころは，企業の資金調達は間接金融に依存していましたが，その後，債券市場の整備，あるいはシンジケートローンの普及など，企業の資金調達手段が多様化していきます。経済が成長し市場が整備されるとともに，直接金融での調達も行われるようになってきました。そのころから銀行と企業の取引関係は変わり，メインバンクがコーポレート・ガバナンスに対して担う役割も変わってきたようです。

　もちろん，現在の日本の企業社会でも「規律ある企業行動」は求められます。むしろ，近年では外国人株主が増え，これまで以上に規律ある行動が求められる環境になっているともいえます。現在，上場企業の行動を律するのは市場です。株主がコーポレート・ガバナンスに重要な役割を果たすように変わってきました。企業は，市場から高い評価を得るために，成長戦略を追求するとともに，コーポレート・ガバナンスの強化に取り組まなくてはいけません。上場企業は常に株価によって経営を評価され，経営者はその推移に一喜一憂しています。

市場の審判を受け続けることで，企業統治は行われるようになっているということでしょう。これは，株式会社制度の根本原理に沿ったものであり，欧米市場では当たり前のことです。この企業と市場との対話の重要性が高まるとともに，銀行の企業に対する位置づけも変化しています。新たな時代に，どのような役割を銀行が担うことができるのか，よく考える必要があるでしょう。

第4章

環境変化は銀行をどう変えたか

わが国経済は戦後復興からバブル経済を経て大きく変化してきましたが，銀行をめぐる環境も同様に大きく変化しています。今後の変化への対応力を強化するためにも，これまでの環境変化への対応の様子を学ぶことは重要です。特に，1990年代以降のバブル経済が終わってからの30年間は経済環境が大きく変化したほか，行政との関係も変わっています。また，少子高齢化・人口減少などの社会的変化への対応も迫られています。歴史に学ぶことで，新しい変化に備えることが大切なのです。

第1節 外部環境の変化が銀行経営に与える影響

　企業経営の方向性を考えるとき，外部環境の変化を把握することは重要なことです。銀行を取り巻く経営環境は大きく変化しています。時代の変化とともに銀行に対する期待，銀行が担わなければいけない役割が変わっていること，そして，その結果としてとるべき戦略も変わっていることを理解することが大切です。これからの10年の間に銀行をめぐる環境はさらに大きく変化するでしょう。

　現在の銀行の外部環境を把握するためには，バブル経済以降の30年間の動きを理解する必要がありますが，さらに，バブル以前の状況を押さえることも重要です。時代環境の中で企業の仕事の仕方は変わっていますが，過去の経験は将来の変化を考える上で影響を与えるからです。歴史に学ぶことの重要性はここにあります。

　本章では，戦後から1980年代までの金融体制が出来上がる背景となった戦後の経済環境の変化を眺め，特に1980年代以降の金融の変化を重点的に確認していきます。

第2節 銀行をめぐる経済環境の変化

●戦後復興における銀行の役割

　銀行をめぐる政治・経済面での環境の変化を考えるために，戦後の経済復興時から振り返ってみましょう。終戦当時の日本経済は全体として資金が不足している一方で旺盛なる資金需要があったため，優先的にどの産業，どの企業に貸出を行うかは政策上の重要課題でした。企業はいかにして資金を獲得するかという問題に直面していました。

　日本政府は早期復興を果たすために重工業を中心に資金を重点的に配分する傾斜生産を進める政策を選択し，銀行を経由して重要性の高い企業へ優先的に資金を配分したのです。また，企業の規模が比較的小さく急速に成長を遂げる中，資金調達を申し込む企業のリスクを見極めることが困難であったこと，さらには直接金融の中心的な役割を担う社債市場だけではなく株式市場が未整備であったことなども，間接金融が優位になっていた背景にあります。また，企業が株式による資金調達より，銀行借入を選んだ理由として，株式によって資金調達をした場合に支払う配当金に対する税率と比較して，銀行借入の際の利払いが損金扱いとされるため税制上有利であったことも要因の一つにあげられます。

　また，傾斜生産方式によって，銀行が企業へ安定的に資金提供する仕組みが作られたことで，メインバンク制が定着し間接金融が優位となる時代が続くこととなったのです。絶対的に資金が不足している時代には，企業の資金調達ニーズに対し，それぞれの銀行が選択的に応えるという企業行動をとったことから，その企業に中心的に資金提供を担うメインバンクが企業にとって重要なものとなっていったのです。一方で，まだ十分に経済が復活していない中で資

金が不足していたため，民間の資金（家計の余剰資金）を強力に吸収する必要があり，民間銀行に預金獲得を行う役割が期待されることとなりました。銀行はその期待に応えるために，相対的にそれに見合う資金が不足する環境の，家計の資金を積極的に集め，企業に融通する役割を担いました。

　こうしてみると，国内企業への資金供給の主役が直接金融か間接金融かという問題に関しては，戦後の復興のときに資金不足であったことにその原因があるということです。戦後の復興期から高度経済成長期にかけて，銀行に対する企業の期待は安定的に資金供給をしてくれることだったのです。この企業と銀行の力関係が，間接金融優位な金融環境を作り上げることとなり，長らくメインバンク制度を定着させることになりました。

●高度経済成長期以降の環境変化と銀行の役割の変化

　その後，高度経済成長の時期から，バブル経済を経て金融の役割は変化していきました。時代とともに物価動向や消費動向，経済成長率，あるいは株と為替の動きなどが移り変わり，それが銀行の経営あるいはビジネスの仕方に影響を与えていきます。日本経済における資金需要の変化が，銀行の事業構造を変えてきました。かつて，高度経済成長期の資金不足の時代には，企業の返済能力を審査の上，銀行が取引先を選別し，貸出を実行する状況でした。このころは，企業は拡大する日本経済を前にして，多くの事業機会を獲得するために，積極的に銀行に資金の借入を申し込んでいました。企業が事業拡大をできるかどうかは，銀行の審査を通るかどうかが問題となっていたのです。

　1970年代後半から1980年代になり，経済成長が鈍化するにつれて企業の借入需要は縮小します。しかし，銀行は貸出時による金利収入を収益の源泉とする事業モデルを変えられませんでした。その結果，銀行間の過剰な貸出競争が起こり，企業が必要とする実需資金（企業の設備投資，運転資金）を超える資金供給先として，不動産・株式などの投機的な性格を持つ資産購入資金を貸し出す事例も見られるようになりました。この銀行間の貸出競争が，後のバブル崩壊後の多額の不良債権につながっていきます。

第2節 銀行をめぐる経済環境の変化

● バブル経済の発生と崩壊

　1985年9月22日のプラザ合意以降に円高誘導が始まり、日本銀行が為替介入を始めます。国内では円高による輸出企業の採算悪化による円高不況を防ぐために多額の資金供給が行われます。こうして、バブル経済がはじける1990年代はじめまで資金余剰の時代になりました。銀行の貸出競争は激しさを増し、バブル経済における資金の過剰供給を助長させていきます。銀行の貸出資金が、不動産投資のほか株式投資などの投機的な短期売買資金に向かう事例も多く見られたのです。

　そして、1990年代に入りバブル経済は崩壊します。バブル経済がはじけた後、不動産・株式の価格は急落し、その投機的な売買のために貸し出された多額の

【図11　都市銀行の再編図】

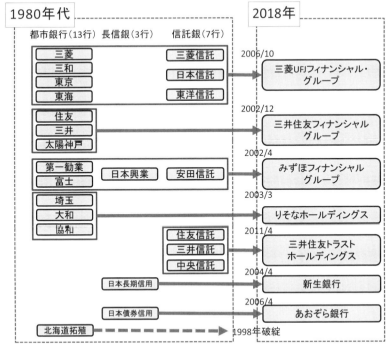

（出所）　各種資料より筆者作成。

資金は，返済の見合原資のない不良債権となりました。こうして多額の不良債権を処理しなくてはいけないという重い課題が銀行に課されることになります。これが，その後の日本経済における「失われた20年」につながっています。過剰融資の結果として生じた経済の水膨れ現象を解消するために，いくつかの銀行が整理淘汰されるとともに，日本は長い低迷期に入ります。

●バブル経済を拡大させた銀行の貸し手責任

　振り返ってみると，バブル時代の不動産・株式向け貸出は，返済原資を企業活動から生まれるキャッシュに期待する貸出ではありませんでした。期限に返済するには，資産を処分して売却代金で返済するような，資産処分による資金回収を見合とした貸出として実行されることが多く，さらにいえば，資産価格が上昇することを前提にした貸出だったのです。

　経済における仲介機能を担うはずの銀行の貸出としては，本質的な誤りがあったといわざるを得ません。このような資金使途を十分に吟味しない貸出は，資産価格の下落により，借り手企業が返済できなくなるような事態につながりました。また，バブル崩壊後の経済変化の結果，急激な業績悪化に陥った企業への貸出に対し，返済できる可能性の低い貸出を実行した銀行の「貸し手責任」も追及されるようになっていったのです。

　このとき，世界的にはベルリンの壁が崩壊し（1989年11月），東欧諸国が西側の欧米先進国と同一経済圏に入ることで，世界経済が安い労働力を背景とした供給体制に組み込まれていきます。また，日本社会では，55年体制が終わりをつげ，政治・経済の枠組みが大きく変わるとともに，日本企業そのものの競争力が失われていきます。社会の大きな変革期に直面していたのです。こうした時代の変化を経て，日本の経済界で不良債権の整理が進むとともに，新しい時代に変わっていました。実際には，1980年代後半には日本経済の成長速度は減速しており，工場・機械などへの設備投資に対する資金需要などの従来型の借入申込みは減少していましたが，バブルが崩壊するまでは，銀行の貸出競争により株式あるいは不動産などの投資用資産見合の貸出や海外投資も含めて貸

出は増えていました。

【図12 地価と中小企業向け民間金融機関総貸出残高の推移】

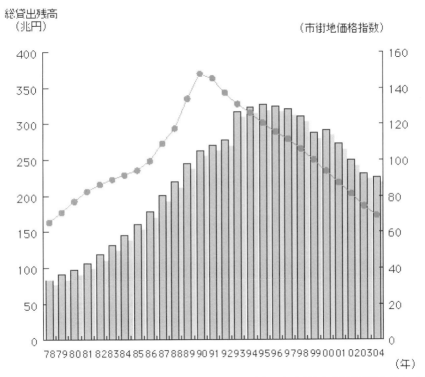

資料：日本銀行「金融経済統計月報」，財団法人日本不動産研究所「市街地価格指数」他より中小企業庁調べ
(注) 1. 中小企業向け総貸出残高は各年12月末残高。1992年以前の残高には当座貸越は含まれない。
    2. 中小企業向け民間総貸出残高＝銀行中小企業向け貸出残高＋個人などを除く信用金庫貸出残高＋信用組合貸出残高で信託勘定は含まれない。
(出所) 平成17年版中小企業白書　http://www.chusho.meti.go.jp/pamflet/hakusyo/h18/H18_hakusyo/h18/html/i7120000.html

● 低成長時代における銀行の役割

　バブルが崩壊し低成長時代となり，企業が銀行に期待する役割も変わります。インターネットをはじめとするICT技術（Information and Communication Technology）が経済を動かす時代に変わり，これまでのような既存の企業における資金需要はなくなり，銀行は貸出先を見つけることが難しい時代となっていました。資金不足の時代から資金余剰の時代へと変わることで，銀行のビジネスモデルも大きく変わらなくてはいけません。預金と貸出の金利差によって収益を上げるという時代から，アドバイザリー手数料などのサービスの対価を得る時代へと変化していくのです。

　銀行の貸出先は，「形のある」モノに対する設備資金向け貸出だけではなく，「形のない」事業アイデアに対する貸出が求められるようになっています。月次の資金移動を踏まえた運転資金向け貸出や，担保による与信保全を前提とする長期資金などの従来の貸出の発想では通用しない資金需要に応えなくてはいけないのです。従来の発想のままの銀行の仕事の仕方では生き残ることが難しい事業環境になっていることは間違いありません。

　将来的にその事業が成功するかどうかわかっていないような状態の資金需要に応えること，実績のない段階で発生する資金需要に対して資金支援をすることが求められているのです。そのような時代になると，それまでの常識は通用しなくなり，銀行サイドの意識変革が必要になってきたのです。銀行は，従来と同様の意識のまま企業と取引するのではない時代が到来することとなりました。

● 銀行貸出の変化

　新たな経済が発展するとき，従来の借入申込みを審査し，貸出を実行するという銀行のビジネスモデルは機能しなくなりました。銀行は借入申込みのある多数の企業の中から貸出先を選択するという立場から，事業機会を企業と一緒に作り，ともに企業を発展させるような役割が求められています。企業に対して何か価値のある提案をしなくてはいけない時代となっているのです。1980年

代から1990年代のバブル時代の前後にあったことを，銀行は真摯に反省し，その反省に立って，今，技術革新によって起ころうとしている変化を明確に見極めなくてはいけません。いつの時代でも，銀行に求められるものはあるはずであり，その本質は変わらないはずです。

　例えば，スタートアップ企業たちの資金需要への対応です。こうした資金については返済される確率が算定しにくく，従来は間接金融になじまないと考えられてきました。一方で，現在の銀行業務では，そのような資金需要も取り込まないと貸出機会が得られない可能性があります。成長著しいITベンチャー企業などサービス関連企業への貸出については，借入金の返済原資として将来利益による返済を考えたとき，成功確率の算定が難しい企業への貸出審査をしなくてはいけなくなります。銀行ビジネスにとって，目利きの能力，モニタリングの能力を高めないといけない難しい時代が到来しています。

第3節 銀行と行政の関係

● 護送船団方式

　銀行と監督官庁（大蔵省（現在の財務省，金融庁），日本銀行）の関係は，その時々の政治情勢や経済環境に応じて時代とともに変化してきました。高度経済成長の時代は，企業の資金需要が旺盛であるとともに，銀行の貸出競争が活発であり，どこの企業に限られた資金を貸し出すかが経済政策を考える上で非常に重要な時期でした。金融行政は，銀行の秩序を守り金融システムの安定性を確保するために，「護送船団方式」がとられていました[24]。

　大蔵省の銀行への指導は，安全性を考慮したもので，貸出においては十分に担保で保全された状態にあることが要求されていました。検査では貸出先を1社ずつ見て，正常先・要注意先・要管理先・破綻懸念先などに分類します。正常先でない貸出に分類されると，その信用状況に見合うように貸倒引当金を計上しなくてはいけません。引当金を計上すると，損失計上する必要があり，利益の下方修正につながります。銀行は貸出先の状況を説明し，正常な判断に基づく貸出として理解してもらえるように，丁寧な対応が求められます。貸出債権が分類されて不良債権（要注意先以下の貸出）が増えることは，引当金が増えるだけでなく，銀行が健全に経営を行っていないことも示します。

　大蔵省検査，金融庁検査，日銀考査を受けるのは，日本で銀行業を行うにはライセンスが必要だからです。預金者や投資家の保護，信用秩序の維持，市場の健全性確保といった観点から，ライセンスを取らなくてはいけません。ライセンスの内容は，業務によって，許可，免許または承認，認可，登録など各種のものが存在します。金融庁あるいは日本銀行は，銀行に対して以下の根拠法に基づきライセンスを与え，検査・行政指導を行っています。

●経済政策と銀行の関係

　銀行にとっては，大蔵省（現在の財務省，金融庁）のほかに，通商産業省（現在の経済産業省）の経済政策との関係も非常に重要です。経済政策に応じて発生する資金需要に応えなくてはいけません。その一方で，絶対的な借入需要超過の時代には，日本銀行は，市中への資金供給が正しく行われるように貸出額に対する総量規制を行うことで，物価の上昇，金利の動向把握など慎重に行っていました。銀行は，こうした要請にも適確に対応する必要がありました。

　バブルが崩壊し，多くの銀行が不良債権を抱えるようになったときに，銀行は経済の心臓であり，銀行が倒産することの経済に与える影響を勘案し，護送船団方式での対応が迫られる時期があり，救済合併も多く見られました。貸出に対する安全性を優先し，貸出金に対する厳格な企業審査と担保保全を求めた時代であったといえるでしょう。

　現在の行政の方針は，市中の需要を活性化させたいという政策です。しかしながら，企業サイドに借入需要がありません。カネ余りの時代となる一方で，企業は投資対象事業が見当たらなくなり，銀行は貸出先が少なくなっています。絶対的に需要と供給のバランスが崩れることとなり，低金利の環境が続くこととなっています。

　こうした時代変化の中での金融庁の銀行に対する行政指導の指針を見ると，各行の取組みを重視する内部管理モデルでの金融検査です。金融検査を基本方針とするスタンスから，金融モニタリングを基本方針とする検査に変わり，各銀行の自主性を重んじる時代になっています。なかでも地方銀行に対しては，今後の経営課題として，その特性を活かしたリレーションシップバンキングがあげられています。日本の地方経済を活性化させるという大きな課題を達成するために必要なリレーションシップバンキングについては，最後にもう一度取り上げます。

第**4**節 社会的環境変化

●人生100年時代

　今後の銀行経営に影響する社会的な外部環境の変化は人口構成の変化です。少子高齢化の進行により，生産年齢人口が減少し，高齢者が増えるという社会環境の変化によって，家計セクターの資金需給関係が変化することが予想されています。この変化の影響は確実に銀行に表れるでしょう。

　これからの私たちの人生は，ベストセラーになった『LIFE SHIFT（ライフ・シフト）－100年時代の人生戦略－』で取り上げられているように100年生きることを前提にして考えていかなくてはいけません[25]。現在の一般的なサラリーマンの生活サイクルは，20歳代で社会に出た後，60歳代で定年退職するまでの間に，結婚・出産などのライフイベントがあり，それに応じて家計の資金需要が変化するというものでした。約40年間の現役世代の間に結婚し，夫婦で出産，育児を分担しながら時を過ごしていくという生活パターンでした。最近は夫婦共働きの世帯も増えていますが，ご主人が働き専業主婦の世帯が多かったのです。

　こうした生活設計・ライフイベントをベースにした家計の資金計画に対する銀行の金融的アプローチは，30歳代から40歳代の世帯に対する学資ローン，住宅ローンなどの借入需要に応えることです。その後の50歳代後半以降から60歳代の定年に至るまでの期間に住宅ローンの返済を進めていきます。現在の高齢者世帯（65歳以上）の標準的なイメージは，上記のライフイベントを経て，比較的金融資産の蓄えが残った状態で，定年後の年金生活に入っているようです。つまり，現在の高齢者は，ある程度の金融資産を持ち，生活費に見合う年金を得て，80歳代で死ぬまでの間，優雅な引退生活を送るという生活を夢見ること

ができていたということです。さらに，定年時に，借入金が残っていても退職金で完済されるので，銀行から見ても返済に不安のない貸出であり，その後は金融資産を持った高齢者に向けて，資産運用の提案を積極的に行うことができたのです。

●これからの世代が直面する社会

しかし，これからのサラリーマンの生活は，かなり様子が違ってくるというシミュレーションがされています。これまでは，一度企業に勤め始めたら，同じ企業の中での給与変動をもとに人生設計を考えることができましたが，今後は長い人生の中で，転職という選択をするサラリーマンが増えてくると予想されています。引退後に受け取る年金額に対する不安もあり，老後の生活費をどうやって確保するのかという不安を感じている若者世代が増えています。将来に対する不安が強く，不透明であるために「子育て，老後に備えて，若い時代に貯えをしよう」という考え方よりは，若いうちに消費生活を楽しもうと考える人たちが増えています。また，マイホームや自動車などを自分の資産として購入するのではなく，賃借あるいはレンタルで済まそうと考える人が増えているという現象もあります。

こうした若者世代の消費行動は，日本全体の貯蓄性向を低下させることになります。社会環境の変化によって，銀行にとっての家計セクターが「安定的な黒字セクター（資金余剰セクター）」という捉え方のままではいけないのかもしれません。さらには，「金融資産に投資」しても得られる金利収入が期待できないのであれば，むしろ，自分の能力を磨くために専門学校や大学院に進学したり，資格を取得するための勉強をしたりする「自分への投資」を選択するケースも増えてくるでしょう。また，ファミリービジネスの事業承継の問題について，現在は後継ぎがいないために廃業する中小企業が増えていますが，人生が長くなる中で生き方の選択肢も広がり，中高年世代がセカンドステージ・サードステージで事業承継するというケースも増えるかもしれません。さまざまな組み合わせで新たな時代の働き方を考える必要があるでしょう。

【図13　人生100年時代のライフステージの変化】

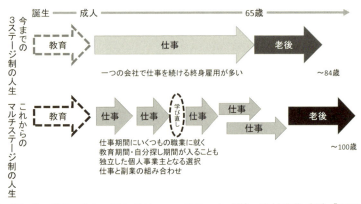

（出所）リンダ・グラットン，アンドリュー・スコット（著），池村千秋（訳）『LIFE SHIFT（ライフ・シフト）－100年時代の人生戦略－』（2016）東洋経済新報社（Lynda Gratton, Andrew Scott "The 100-Year Life" Bloomsbury Information Ltd）より筆者作成。

● 新たな人生設計に合わせた銀行ビジネス

　このように人生設計が変わってくると，銀行の個人向けビジネスも変質する必要があります。今までのように，高齢者に対する資金運用提案と，若い世代に対する貸出提案のままというわけにはいきません。これまでの若い世代向けの貸出メニューは，子どもの学資ローンや住宅ローン，マイカーローンなどが中心でしたが，本人の学び直しのための大学院の学資を貸し出すケースが増えてくるかもしれません。なお，大学の授業料については親が負担するのではなく，海外で見られるように奨学金形式が充実し，学生本人が借主となって負担する動きはすでに始まっています。さらには，60歳を過ぎた後の人生を「残りの人生」という捉え方ではなくなるでしょう。こうなると，銀行は豊かな高齢者に対する資産運用ではなく，定年後に自己への投資を考える高齢者の意欲をサポートするような商品を提案する必要があるのかもしれません。いずれにせよ，人生100年時代の新たな人生設計に合わせて，銀行ビジネスを見直すことは必要不可欠です。さらには銀行員の働き方・意識も変わってくることになるでしょう。こうした時代の変化に銀行経営は応えていく必要があるのです。

第5章

銀行産業の競争環境

業界構造を分析する有名なツールが「5つの競争要因分析」です。この分析手法を利用することで，その業界の収益性が高い状況にあるか，そうでないかを判断することができます。収益性を左右する要素として，その業界における競争環境を評価するのは当然ですが，それに加えて，現在の売買取引における力関係を評価し，さらには将来における新たな競合相手（新規参入者，代替品の提供者）の登場により，収益性が変化する可能性があることを示しています。今の銀行業界について分析してみると，現在，採算性が低下している理由と，将来的にも大きな変化に直面する背景が見えてきます。将来に備えるためにも，このような分析結果を踏まえて対応策を考える必要があるのです。

第1節 銀行は儲かる業界か：5つの競争要因分析

　1980年にマイケル・E・ポーターは，「5つの競争要因分析（Five Forces Analysis）」として，業界における競争の性質を決める分析手法を発表しました[26]。5つの競争要因分析のフレームワークは，業界の競争環境を分析し，収益ポテンシャルの高い業界か分析する手法です[27]。

　ポーターは分析対象となる5つの競争要因として，①既存企業間の競合関係，②売り手の交渉力，③買い手の交渉力，④新製品の脅威，⑤代替品の脅威をあげ，これらの競争要因に基づいて，ライバル企業との競争を自社に有利に展開でき，ライバルに比べて「収益ポテンシャル」が高い状態にあるかどうかを分析することができると説明したのです。

【図14　ポーターの5つの競争要因分析】

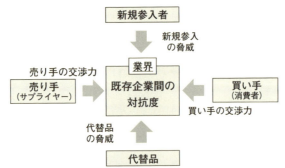

（出所）M・E・ポーター（著），土岐坤・中辻萬治・服部照夫（訳）『競争の戦略（新訂版）』（1995）ダイヤモンド社，（M. E. Porter "Competitive Strategy"（1998）The Free Press），pp.13-54

「５つの競争要因モデル」では，それぞれの要因の影響が強くなると，その産業の収益ポテンシャルは低くなると考えました。ポーターが示した５つの要因の強度を判断するロジックに基づき，現在の銀行産業の潜在的収益性について分析し，今後，どのように展開する可能性があるのか考えてみましょう[28]。

第2節 企業間の競合関係

　現在の銀行産業の企業間競合が激しい状況にあることは間違いないでしょう。この激しい競合関係が企業間の敵対関係を強め，銀行産業を儲かりにくい業界にしています。逆に，なぜ，銀行産業の競合環境は厳しく競争が激しくなっているのでしょうか。ポーターは，既存企業間の競争が激しくなる要因として，競争業者の数・競争企業間の力関係，産業の成長率，固定費あるいは在庫費用負担，製品間の差別的要素，能力拡張のパターン，競争相手のバックグラウンド，産業の戦略価値，退出障壁の高さ，等の項目をあげています。それぞれの要因が，銀行産業にどのようにあてはまるかを見てみましょう。

●競争業者が多い

　銀行業界の競合関係は，銀行業界全体での競合もさることながら，都市銀行同士，あるいは地方銀行同士の競合などが見られ，多数の競争業者がいて激しい競争状態にあります。銀行の数が多ければ，当然，過当競争となり，競争は激しくなります。1990年代以降の金融再編によって，13行あった都市銀行は，メガバンク3行とりそな銀行に集約されました。地方銀行も再編は進みましたが，依然として多くの銀行が残っています。数多く同等のパワーを有する企業が存在することで，激しい競合が繰り広げられているといえるでしょう。

●企業の規模とパワーが同等

　少数でも規模や経営資源の質・量が同程度の企業から構成されている業界は激しい競争に陥りやすいといわれますが，銀行業界でも都市銀行同士，地方銀行同士の競争を見ると，この要因があてはまることがわかります。先に見たよ

うに，都市銀行は集約されましたが，その結果生まれたメガバンクは，規模パワーが同等により激しい競争状況にあるといえます。

●産業の成長率が低い

　銀行産業は主たる取引先（企業，家計）の経済環境に影響を受けます。1960年代に始まる高度経済成長期のように日本経済が拡大しているときは銀行産業も成長しました。経済が成長しているときには競争相手の客を奪わなくても新規顧客を開拓することができますから，競争は比較的緩やかになります。逆に低成長時代が続くと顧客の奪い合いが起こるため，競争は激しくなります。国内での貸出競争だけでなく，海外市場への進出や，新たな金融商品の開発による新規事業の取込みなど，激しい競争が繰り広げられました。

●固定費が大きいまたは在庫費用が大きい

　銀行は固定費負担が大きい業界です。銀行の固定費（店舗経費，システム開発費と人件費）は，これまでの銀行の企業活動において，大きな負担となっていました。固定費の負担に対して稼働率を向上させるための取組みに加え，預金獲得のために顧客基盤の強化に取り組むことが，銀行間の競争を激しいものにしていったのです。貸出が中心業務であった時代には，資金量が大きいことが競争力につながり，各銀行は預金獲得競争を通じて総資産額を大きくしていました。シェア拡大のための過度な価格競争（金利引下げ競争，手数料引下げ競争）は，銀行の収益性を低下させることになります。

　今後は，現在進行している技術革新によって，固定費負担を下げる方向に向かうことと，資金規模が大きければよいという規模拡大競争に終止符を打つことになるかもしれません。

●お客さまが商品間に差別的要素を認めない

　銀行の提供する基本的な商品は「おカネ」であり，これは都市銀行でも地方銀行でも変わりません。事業規模，歴史などに裏打ちされている信頼のほか，

銀行の提供する情報提供・経営助言などのサービスなどの「差別的要素」をお客さまが認めなければ，貸出金利や預金金利の違いを見て取引銀行を選ぶことになります。この場合には，激しい競争が繰り広げられ，優良企業への貸出金利は引下げ競争となってしまいます。銀行にとっては，「差別的要素」を認めてもらえるようにアピールしなくてはいけません。

●能力の拡張が小刻みに行えない

　銀行ビジネスは，安全性の確保，取引の安定性，取引先の拡大などを実現するために，大量のデータを安定的に処理することができるシステム投資が不可欠です。最近も都市銀行が数年の期間をかけて，数千億円のシステム投資を行いました。この投資は小刻みに行うわけにはいきません。また，街の中心地に主要銀行の支店がたくさん並んでいる風景を見かけますが，新店舗の出店にかかる費用も決して少額ではありません。いったん投資をしたら，投資資金を回収するために稼働率を維持する必要があり，顧客取込みのため価格競争が激しくなります。投資が小刻みに行えないことも，企業間競争を激しくする要因となってきました。

●多様なバックグラウンドを持つ競争相手の存在

　競争企業の本業や国籍など，多様なバックグラウンドを持つ企業が競合しているときには，それぞれ経費構造が違ったり，考え方が異なったりするため，相手の行動を予測しにくくなります。競争のために必要以上の経費を使ったり，過度な価格競争に陥ったりする可能性もあります。都市銀行と地方銀行は調達費用の違いや人件費の違いなど異なるバックグラウンドを持っています。また，銀行以外にもノンバンクやその他の金融機関（証券会社，生命保険会社など）が競争相手となることもあります。

　外資系金融機関も日本国内の銀行とは異なる経営の仕方をしています。既存の競争企業と異なる収益構造，事業戦略に基づく激しい競争は銀行産業の収益性を下げる要因となります。さらに，最近は他産業（小売業界など）の企業が

銀行を開業する例が見られます。決済業務を特化したナローバンクとの競争も環境を厳しくする要因となります[29]。

●戦略的な価値の高い業界

将来性があり「戦略的価値」があると考えられる業界では，黒字を確保できていない企業も退出せず，競争が激しくなります。金融サービスへのニーズがなくなるわけではありませんが，銀行に対し成長が期待されるわけでもなく，必ずしも「戦略的な業界」にはあてはまらないかもしれません。

●退出障壁が高い

事業をやめるときのコストが高いと企業は退出しません。銀行業は退出障壁が高く，収益が低下しても退出せずに業界内にとどまることが多い業界です。退出時のコストとしては，多くの取引先・お客さまとの取引関係があり，銀行業をやめるときには取引契約解除のために多額のコスト負担が発生する可能性があります。

また，多数の支店を閉店するときには除却損も発生するでしょう。さらには，銀行が閉鎖するということは，企業の借入金や家計の預金にも影響を与え，日本経済に対する信用不安につながりかねません。1990年代に護送船団方式で倒産を回避した理由もここにあります。完全廃業によるコストを発生させないように，事業売却や合併などが選択されることとなるのです。

銀行業界内の企業競合関係を判断するために，項目ごとに評価をしてみたところ，現在の銀行業界の競合が激しく収益ポテンシャルが低いのは，構造的な問題から来ていることがわかりました。その一方で，今後を予測すると，競争の激しさが緩和される方向に変わる兆しもあります。技術革新の影響によって業界構造が変わるとき，その変化の波に乗ることができれば，残存者メリットも期待できるのではないでしょうか。

102 第5章 銀行産業の競争環境

【表7 企業間の競合関係における環境評価】

要　因	銀行産業の評価	
	現在	将来
① 競争業者が多い，または企業の規模とパワーが同等	◎	○
② 産業の成長率が低い	○	○
③ 固定費が大きい，または在庫費用が大きい	○	△
④ お客さまが製品間に差別的要素を認めない	△	△
⑤ 生産能力の拡張が小刻みに行えない	○	△
⑥ 多様なバックグラウンドを持つ競争相手がいる	○	◎
⑦ 戦略的な価値の高い業界	×	×
⑧ 退出障壁が高い	◎	◎

（注）◎：よくあてはまる，○：あてはまる，△：どちらともいえない，×：あてはまらない
　　　（以下の表も同様）
（出所）筆者作成。

第3節 買い手の交渉力・売り手の交渉力

　「売り手・買い手の交渉力」が業界の収益性に影響を与える理由としては，取引を行うときに，売り手と買い手が利益を奪い合う敵対的な関係にあることを前提にしているからです。売買取引の中では，価格と品質のバランスにおいて，自社の収益のために，取引相手の収益を奪うということを想定しています（ゼロサムゲーム）。もちろん，現実社会では単純な関係ではないので，環境次第でどちらかが一方的に強いということはありません。銀行取引で考えれば，借り手はより低い金利でおカネを借りたいし，銀行はできれば高い金利で借りてもらいたいと考える一方で，取引先と銀行が一緒になって，新しい金融商品を開発するということもあります。企業と銀行の取引関係，銀行と預金者の取引関係は，長期的な視点で取り組むべきであり，双方がメリットを得られるような "Win-Win" の関係を構築し，プラスサムのゲームをできるように取引を行わなくてはいけません[30]。実際の社会では，そういう状況にあることも頭に入れながら，ここでは関係性をシンプルに見るために，売り手と買い手は利害が相反する状況にあるとして考えていきます（⇒コラム(2)　コーペティション）。

コラム(2)　コーペティション

　現在の産業界では，売り手と買い手の間で，双方が協働し "Win-Win" の関係を追求するような，5つの競争要因では説明できない企業間関係もあります。そのような状況を，協調（Cooperation）と競争（Competition）が組み合わされた状況【コーペティション（Co-opetition）；持ちつ持たれつの関係】として説明する理論もあります。コーペティションの中で想定している「補完的企業」とは，仲間であると同時に潜在的な競合先でもあります。『競争』のみならず『協調』という側面にも明示的に焦点を当てることで，企業間の取引関係は

まったく異なるものとなります。例えば，パソコンのハードメーカーとソフトウェアの製造業者，あるいはプリンタの機械とインク・トナーの販売業者などは，それぞれ，相手の商品（補完財）があることで，当該製品の付加価値が高まる（当該商品の魅力は向上する）という関係にあります。ほかにも，レストランで食事をした後に，コーヒーを飲もうとしてオーダーしたときに，「近所においしいお店がある」といって紹

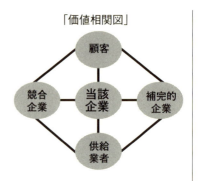

「価値相関図」

介することで，地域全体の魅力を高め集客効果を狙うという場合もあります。短期的に自分のレストランの売上を増やすよりも地域の魅力を高め，リピート顧客になってもらい，より多くの観光客が来るような魅力的な街づくりにしたほうが，長期的に自社のレストランの売上も増えると考えるからです。

「価値相関図」に描かれた当該企業に対する4つの要因は，自社の利益を脅かすだけでなく，自社の利益を増大させる可能性もあります。例えば，競合企業として位置づけられる企業も，競い合うことで，市場全体のパイを拡大させることができれば，「味方」と捉えられます。また，供給業者も敵の顔と味方の顔を持っています。共同開発をするときと，コストダウンの要請をするときでは立場が異なります。完成品メーカーと部品メーカーの関係は，新製品のときには補完し合い，成長すると競合関係になり，その時々で企業間の関係が変わっていくのです。このように，取引における競争と協調の関係に着目すると，ポーターの5つの競争要因において敵対的関係に立つと考える「売り手・買い手の交渉力」というロジックだけでは説明できない企業間関係もあることがわかります。

　企業と銀行の関係を収益の取り合いをする敵対的な関係であると仮定すると，売り手と買い手の相反する思いを同時に実現することはできませんから，両社の力関係が取引条件（品質と価格の関係性，銀行取引では取引条件）に影響を与えますから，力の強いほうが収益性は高くなるといえるでしょう[31]。銀行における「売り手・買い手」について，銀行の提供する商品（おカネ）を購入する（借りる）という取引を中心に考えると，銀行にとっての買い手は「借入をする取引先企業」となり，銀行にとっての売り手はおカネを預けてくれる「預金者」になります[32]。昨今のサービス産業では，消費者主権で産業構造が変化

第3節　買い手の交渉力・売り手の交渉力　　105

していますが，銀行においては，預金者（売り手）は銀行が提示する条件に基づき，預金をしており，あまり交渉力は強くないものと見られますので，借り手の交渉力（買い手の交渉力）に絞って考えます。

　買い手のパワーが強くなる要因として，ポーターは，

① 　買い手業界の集中度
② 　製品の差別化状況
③ 　買収の可能性
④ 　最終ユーザーとの関係

という4つの項目をあげています。この4つの項目について銀行産業の「交渉力」について考えてみましょう。

●買い手グループの集中度の高さ

　買い手の集中度が高い状況とは，銀行の取引先企業が大規模化することや，産業界での寡占化が進んでいることを示します。日本経済の中では高度経済成長を経て，企業規模が大きくなるにつれて交渉力が上がってきました。また，産業内での企業の集中度も上がっています。復興期から比べると，銀行と取引先企業の力関係では銀行優位から取引先企業のほうに交渉力はシフトしてきました。

　また，企業取引における集中度という観点で見ると，これまで日本の銀行産業では，それぞれの銀行ごとに特定の企業（企業グループあるいは企業集団内企業）に貸出が集中する傾向がありました。特に，バブル前後には，各銀行の主要貸出先に不動産やノンバンクの特定企業があがり，関係企業への取引の集中が問題となりました。

　地方銀行にとっては，地元での貸出先が限られてしまうという問題があります。地方では，少子高齢化，過疎化の影響を受け経済が低迷し，経済活性化に向けて，地方銀行は重要な役割を果たすことが期待されています。このとき，貸出先が限られていることから，地元有力企業に貸出が集中しがちですが，取引条件の適正化という観点では，必ずしも好ましくはありません。特定の取引

先企業の借入額が銀行の貸出残高に占める比率が高いと，取引先企業の交渉力が上がり，銀行にとっては取引条件が不利になる傾向があります。

　借り手の数が少ない，もしくは借り手の中に飛び抜けて大きい企業があり，大口貸出先への集中度が高くなると，借入人の交渉力が強くなります。銀行サイドの交渉力が弱くなるという問題以上に，その大口取引先の業績が悪化し，貸出債権が不良債権化すると，その銀行全体の信用に影響を与えることにもなりかねません。単に銀行の業績が悪化するというだけでなく，銀行におカネを預けている預金者に迷惑をかけることにつながり，また，他の借入人の経営に影響を与えかねないという問題があるのです。Too Big to Fail（大きすぎてつぶせない）という言葉がありますが，経済に与える影響を考えて，銀行には貸し手責任を自覚した取引が求められるのです。こうしてみると，銀行と取引先の関係においては，貸出先はある程度分散していることが望ましいといえるでしょう。

●製品が標準化されており差別化されていない

　取り扱う商品・サービスが差別化されていなければ，買い手の交渉力が強くなります。「業界内の企業間の競合関係」のところでも触れましたが，「おカネには色がない」わけですから，借り手にとってみればどの銀行から借りても同じです。製品差別化の程度は高くないといわざるを得ません。すでに複数の銀行と銀行取引約定を締結し取引しているのであれば，どの銀行から借りるかは，借入人が自由に決められます（スイッチングコストは低い）[33]。高度経済成長期のように資金不足の時代には，銀行による貸出先の選別，貸出条件の差別化が見られたため，取引先企業は銀行取引の見直しを行うことは難しかったでしょうが，現在のような資金余剰の時代では，条件次第で借入人の側から取引関係を見直されることは多々あります。

　特に優良企業において，資金需要が乏しくなる中で，新規での取引申込みが活発に行われるようになると，新規参入者が提示するより有利な条件での取引に移る事例は多く見られます。標準化された条件でしか商品提供できない銀行

第3節　買い手の交渉力・売り手の交渉力　　107

の大きな問題といえるでしょう。企業規模に違いはありますが，都市銀行と地方銀行が同じ土俵で金利競争を繰り広げている事例も多く見られます。こうした価格競争を脱するためにも，取引先企業に役に立つことで差別化を試みる「提案営業」，「リレーションシップバンキング」が重要視されるのです。

●買い手による川上統合（企業買収など）の可能性があるとき

　買い手による川上統合（企業買収など）の可能性があるとき，川上企業に対する交渉力は強くなるとされていますが，銀行業は免許業種として参入条件が厳しいため，基本的にはこの要因の影響は大きくありません。ただし，ノンバンクへの参入や，一部の金融機能のみを提供するナローバンクへの参入の事例はあります。今後は，金融サービス事業への参入の影響が買い手の交渉力に影響を与える可能性は否定できません。

●買い手が最終顧客の意思決定を左右できるとき

　銀行にとって直接の貸出先との関係ではなく，その企業のビジネスの最終顧客の意思決定を左右し，それが銀行のビジネスへの影響が大きければ，借り手の交渉力は強くなります。銀行の企業向け貸出についていえば，通常は，その企業のお客さまへの影響力を気にする必要はないでしょう。

【表8　買い手の交渉力における環境評価】

要　因	銀行産業の評価	
	現在	将来
①　買い手グループの集中度が高い	△	△
②　製品が標準化されており差別化されていない	◎	○
③　買い手による川上統合の可能性がある	×	△
④　買い手が最終顧客の意思決定を左右できる	×	×

（出所）筆者作成。

108　第5章　銀行産業の競争環境

第4節　新規参入の脅威

　新たな参入者が現れ，新規参入企業と既存企業の間で競合が発生すると，業界の収益性は低下します。これが「新規参入の脅威」と呼ばれる状態です。新規参入の可能性が高い状況にある業界では，既存企業は参入が起こらないような企業行動をとる（参入障壁を作る）ため，利益ポテンシャルが低下します。

　新規参入が難しい業界構造であるか，言い換えれば参入障壁が高い業界構造であるかを判断する産業上の要因は，①規模の経済性，②経済効果，③多額の運転資金，④流通チャネルの閉鎖性，⑤製品差別化，⑥政府の規制，⑦既存企業の反撃，の7つです。それぞれの要因について銀行産業について評価してみましょう。

●規模の経済性が働く産業

　これまで見てきたように，銀行は，店舗投資，システム投資，金融人材の確保などの初期投資が不可欠な産業であり，事業規模が大きな企業ほど競争優位な状況にあるといえます。規模の経済性が働く産業では，新規参入企業は最初から大きな規模で参入しなければならないため，新規参入を思いとどまる可能性が高くなります[34]。各社とも積極的な設備投資により売上拡大（＝シェア獲得）を目指す戦略をとるため，設備投資競争から過剰設備に陥る可能性が高く，産業としての収益性は低下することとなります。

　しかし，最近の銀行産業では，技術革新（ロボット，人工知能）の効果から，参入時のシステム投資規模は下がり，金融人材の確保も中途採用などの転職市場も整備され，従来ほど難しくなくなる可能性が高まっています。創造性の高い優秀な人材の価値はより一層高まる一方で，多くの人員を確保する必要がな

いビジネスモデルに転換する可能性もあります。設備費用や人件費などを考えると，規模の経済性を理由とした参入障壁は下がる可能性があります。

●経験効果が働く産業

　経験効果が働く産業では，既存企業のほうがそれまでの事業経験によって，安く生産あるいはサービス提供できるため，新規参入を思いとどまる可能性が高いといわれています[35]。銀行の業務にあてはめて考えてみましょう。銀行員の業務処理，過去の取引経験など営業体験が増えるほど，業務を要領よく処理できるようになるため，経験効果が働く産業でした。貸出業務は企業ごとに貸出を認める基準が異ならないように，業務マニュアル・業務規程はありますが，実際の企業取引は 1 社ごとに事情が異なり，マニュアルをあてはめて書類を作成するには，個別に情報収集しなくてはいけません。この業務処理は経験の有無で効率性がかなり違います。

　また，既存取引企業は，企業概要の作成時間を短縮できます。書類作成以外にも，顧客交渉や商品開発，市場取引など，銀行の仕事の多くは経験効果が働いていました。ただし，今後は，必ずしも従来の経験が優位に働くものばかりではないでしょう。新たな事業領域への取組みが求められる環境となっています。必ずしも経験効果によるコスト低下の影響は期待できなくなり，新規参入の余地は広がっています。

●大規模な運転資金が必要な業界

　一般的な銀行業務で考えると，「多額の運転資金が必要な場合には新規参入を思いとどまる」という条件にあてはまりますが，最近見られるフィンテック・ベンチャーは，必ずしも多額の運転資金を必要とせず，既存の銀行ビジネスの一部の機能を切り取って参入しています。そのような企業を「銀行」とは呼ばないのかもしれませんが，金融業務を行う新たな企業の出現という意味では，新規参入の脅威が高まっているといえるでしょう。

110 第5章 銀行産業の競争環境

●流通チャネルを既存企業に押さえられてアクセスが困難な場合

　従来は，借入を申し込む企業と取引銀行との良好な関係が重視されていましたが，資金需要よりもビジネスアイデアや効果的なサービス提案を提案できる能力が重視されるようになると，必ずしも既存取引にこだわる必要はなくなっています。新規参入銀行は個別企業との新規取引のためのアクセスが困難とは限りません。これまでの外資系金融機関の参入や，ネット系の新設銀行の成長などに見られるように，多様な金融サービスを提供できるのであれば，アクセスが制限されることなく新規参入が可能になっているといえるでしょう。

●製品差別化の程度が高い

　製品差別化については，業界内の競合関係のところや買い手の交渉力のところでもあげた内容と同様です。製品差別化ができている産業では，既存企業が製品差別化に成功し，お客さまのブランド・ロイヤルティが確立していることで，新規参入を思いとどまることになります[36]。

●政府の政策・法律で保護されている場合

　銀行業は免許業種です。既存銀行は政府の政策・法律で保護され，新規参入が難しい状況にあります。最近の小売企業などの異業種による新規参入事例を見ても，経済全体への信頼を損なわないように，参入にあたっての必要な条件が示されており，政府の政策・法律により，金融システムの健全性は慎重に保護されています。仮想通貨や決済サービス，与信判断など一部の金融サービス機能など金融の一部の機能を切り出したビジネスにおける新規参入についても，経済のインフラである金融システムの保護のために，政策・法律で保護されているという状態は変わっていません。

●既存企業からの激しい反撃が予想される場合

　既存企業からの激しい反撃が予想される場合には，新規参入企業は思いとどまることになります。銀行については，これまでは既存企業は新規参入に対し

第4節　新規参入の脅威　111

強く反撃していましたが，最近の技術革新の影響で様相は変わってきています。引き続き，既存の金融ビジネス分野での参入については，激しく反撃しても，新たな技術の導入に対して，フィンテック・ベンチャー企業と提携する事例も見られるようになっています。新たな変化を受け入れるために，反撃するのではなく協調するようになっているのです。

【表9　新規参入の脅威に対する評価】

要　因	銀行産業の評価	
	現在	将来
①　規模の経済性が働く産業	○	△
②　経験効果が働く産業	○	△
③　大規模な運転資金が必要な業界	○	△
④　流通チャネルへのアクセスが困難な場合	○	△
⑤　製品差別化の程度が高い	○	△
⑥　政府の政策・法律で保護されている場合	◎	◎
⑦　既存企業からの激しい反撃が予想される場合	○	△

（出所）筆者作成。

　以上，「新規参入の脅威」に関し，参入障壁が高くなる要因について見てきました。その結果と，貸出などの既存事業の分野では，今後も参入障壁は高い状態が続く一方で，最近の金融業界の技術革新を活用する分野に対しては，部分的に参入障壁が下がり，新規参入の可能性が高まっていると評価できます。

　ここで注意しなくてはいけないのは，新しい時代に新規参入する銀行は，現在の銀行のようにすべての金融業務を手掛けるフルバンキング・スタイルでの参入ではなく，金融機能の一部を提供する部分的な参入の形が増える可能性が高いことです。次の「代替品の脅威」に対する分析とも重なりますが，新たな金融サービスのフレームワークへと移り変わるときには，異業種が提供する金融サービスのほうが，利用者にとって便利な機能を提供できるのかもしれません。例えば，決済機能のみに特化した銀行のスタイルも見られるようになって

います。新規参入企業が，現在の銀行の提供するサービスのうち，初期投資が少なく収益性の高いサービス部分を狙って新規参入を行うと，既存銀行が行うビジネスは採算がとりにくい金融サービスだけが残ってしまうのかもしれません。既存銀行は従来と異なるパターンでの新規参入の脅威に対応することを迫られています。

第5節 代替品の脅威

「代替品の脅威」とは，既存企業と同様の事業手法ではなく，まったく異なる業界から異なる事業手法を使って，利用者（取引先・お客さま）に，従来の事業者と同様の満足を与えることができるような競合相手が登場することです。代替品が現れることで，既存市場の企業にとっても利用者にとっても大きな変化をもたらし，既存品と同じ機能を果たしうる他の商品（サービス）が出るときには，既存の市場が一瞬で消失してしまうこともあるでしょう。市場が消失しなくても，コストパフォーマンスが良い代替品が登場すると，参入された業界の利益ポテンシャルは急速に低下してしまうでしょう。

既存企業にとって脅威なのは，代替品を提供する企業は，同じ業界から現れるわけではないことです。まったく違う競争環境・産業構造の中から生まれる可能性があります。直面している競争相手に備えていたら，思わぬところから敵が現れるという状況です。代替品が登場した最初の頃には，それが代替品となるかもわからない場合もあり，何が代替品になりうるかを見極めることが難しい場合もあるでしょう。

●フィンテックは代替品の脅威となるのか

銀行が直面する技術革新の変化として登場するフィンテック企業は，これまでの金融の常識を変えていく「代替品の脅威」になっていくのかもしれません。人工知能やロボットを利用することで，既存の銀行が行っている業務を自動化・省人化しているという変化はすでに起こっています。これは従来のビジネスモデルを引き継いだ革新です。今後，さらに技術革新によって現れる新たなサービスが，新たな技術を活用して，まったく異なるコスト構造，まったく異

なる手段を使って，資金仲介をしたり，決済をしたりすることで，利用者（取引先）にこれまで以上の満足を提供するようになるかもしれません。銀行産業は，「代替品の脅威」に直面しているのではないでしょうか。このようなときに銀行で働く若手銀行員はどうしたらよいでしょうか。代替品を提供する事業者は，製造業から参入するかもしれませんし，サービス業から参入するかもしれません。アンテナを高くして，異業種の動きにも目を向け，最先端の情報を追い続けることが大事です。

第6章

技術革新によって銀行は
どう変わるか

銀行業界では，これからの10年の間にこれまでに経験したことがない大きな変化に直面することが予想されています。人工知能の活用に代表される情報交換技術あるいは情報解析技術の進歩によって生ずる「銀行での働き方」の変化です。現在の銀行業界では，情報システムや店舗網の維持などによる高コスト体質となっていますが，技術進歩の影響によって，現在，人間が処理している仕事のなかで機械が処理をすることとなる仕事が増えていくでしょう。こうした変化の時期は新たなビジネス機会を獲得するチャンスでもあります。銀行員一人ひとりが情報に敏感になり，時代の流れをよく見極めることが重要になっているのです。

第6章 技術革新によって銀行はどう変わるか

第1節 情報技術と銀行の関係

　現在，銀行員に求められる仕事の性格が，技術的な環境変化によって大きく変わろうとしています。銀行業は人々にとって大事なおカネを扱う仕事で，多くの取引を契約どおりに実行していかなくてはいけない「固い仕事」です。細かな契約に基づいて膨大な情報を間違うことなく扱わないといけません。この情報に対する正確さが求められるという業務の性格から，銀行にはまじめな性格の人が勤めていると考えられてきました。もちろん，これからの時代でも，お客さまから信頼されなくては，おカネを預けてもらえませんから，銀行員に誠実な性格が求められるという点は変わっていません。

●銀行業の情報産業化の動き

　銀行産業における情報技術の活用は，1960年代半ばの第一次オンラインシステムの導入に始まり，他産業に先んじる形で各銀行は競争するように1980年代の第三次オンラインシステムまで，業務のコンピュータ処理を手掛けるようになります。この情報化のイメージを具体的な銀行員の仕事で見ると，1980年代前半くらいまでは「そろばん」を上手に使えることが必要でしたが，今では電卓を使うことも少なく，すべてパソコン上で処理されていきます。

　また，利用者の側から見ると，窓口でお願いしていた仕事の多くがATMで処理されるようになりました。さらに1990年代後半以降には，インターネットを活用するオンラインバンキングも利用されるようになり，店舗に行かなくても銀行取引ができるようになっています。こうして見ると，これまでにも技術の進歩は，銀行員の仕事だけでなく，銀行利用者から見ても大きく変化させてきたのです。

● 銀行ビジネスに対する情報化の影響

　情報技術活用の影響は，銀行員の仕事の仕方やお客さまとの関係を変えただけではありません。銀行業にとって必要不可欠な勘定系システムの開発に多額の費用がかかるようになってきたのです。当初は初期コストがかかることで参入障壁が上がるという影響が出ました。さらに，コンピュータが業務上不可欠なインフラとなる一方で，その複雑なシステムのメンテナンスを行うために必要な更新投資が，都市銀行においては数千億円単位に及ぶようになってきたのです。銀行業におけるスケールデメリットが顕在化してきているといえるでしょう。

　そうした環境に対し，今，銀行産業ではさまざまな技術を活用して，新たな金融ビジネスを構築するフィンテック（FinTech）という言葉がよく聞かれるようになりました。フィンテックは，金融を意味する "Financial" と技術を意味する "Technology" を組み合わせて作られた造語であり，今後の銀行産業のことを考えるときに避けては通れない言葉となっています。銀行における情報技術を活用した刷新は多岐にわたりますが，ここではAI（人工知能，Artificial Intelligence）の活用と，RPA（ロボット技術，Robotic Process Automation），および，ブロックチェーンの3つに絞って見てみましょう。

第2節 人工知能（AI）

　AIを活用するメリットとしては，長年にわたり人間が蓄積してきたノウハウや知見を，ごく短期間で機械に習得させることができる点にあるといわれています。AIによって，これからの銀行産業は大きく変わっていくでしょう。AIを活用するには，処理するデータがデジタル化されている必要があり，他産業の事例では，このデジタル処理が進んでいないことがボトルネックになる事例もあるようですが，銀行産業では，すでに，インターネットの活用も進み，業務のデジタル化は進んでいます。

　すでに，インターネットを活用したオンラインバンキングが進んでいることの成果として，多くのデジタルベースの取引データがネットを通じて収集され，大量に蓄積されています。これまでは利用しきれなかったようなデータを活かすことができる処理速度の速い処理技術も進歩しています。業務を遂行するための細かなロジックを積み上げるのではなく，テキストや画像などに基づき，望ましい答えを自動で発見しながら学習するディープラーニングが発展することで，人工知能の本格利用も視野に入ってきました。今後は銀行の中にある多くの業務分野で人間がやっていた作業を機械に置き換えていくことが可能になっていくでしょう。

●人工知能が銀行業をどう変えるか

　銀行の業務のうち，従来は考えられなかったような領域として，判断業務に近いところまでAIに依頼することができる時代へと変化しています。ビッグデータを活かしたサービス向上や，大量のデータ処理の効率化のためにAIが利用される余地は大いにあるのです。これまでの銀行の仕事は，取引先と交渉

する営業職だけでなく，事務処理も人間系で行い，構造的に人的資源に業務を依存するという業務特性を持っていましたが，今後の人口減少を勘案すると，人手不足の問題への解決策を考えなくてはいけません。また，現在のような低金利が続くことになると，貸出の採算性が悪化していきます。将来的に金利が上昇するようなことがあるかもしれませんが，貸出と預金の金利差による収入に期待することが難しい状況は続くでしょう。そのような環境下では，人件費の圧縮は必要不可欠です。すでに，多くの銀行ではAIの活用を本格的に検討しています。具体的に銀行の業務を見ると，AIを利用できると考えられる分野が多くあることがわかります[37]。今後は，現在，銀行の熟練担当者が時間をかけて行っているような業務を含めて，AIを活用することで，効果的に業務を行うことが期待されているのです。

【図15 ディープラーニングの特徴】

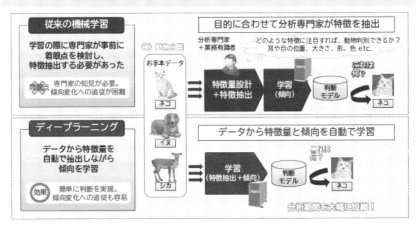

(出所) NEC「AIがもたらす金融サービスの変革」
https://jpn.nec.com/techrep/journal/g16/n02/160204.html

●銀行員の仕事は奪われるのか

　人工知能（AI）の活用が進むことで，銀行員が取り組むような仕事にどのような影響を与えるのでしょうか。オックスフォード大学のマイケル・A・オズボーン准教授およびカール・ベネディクト・フレイ博士は，現在，我々が取り組んでいる仕事のうち，約半数が失われるという研究結果を報告しています[38]。失われる職業としてあげられているものの中には，レストランの給仕やスポーツの審判のように，比較的単調で機械化がなじむと容易に考えられる仕事もありますが，私たちが着目するのは，現時点では機械化が進んでいないような銀行での仕事もあげられていることです。例えば，貸出審査業務や，店頭での受付業務，企業のクレジットアナリスト業務などが，今後，機械によって担われる仕事になるだろうと予測されているのです。

　これらの業務が，将来的に人間が従事する必要がなくなる業務としてあげられていることからわかることは，機械によって担われる可能性がある仕事は，単純作業だけでなく，これまで知的労働と捉えられていた業務の中でも，創造性に欠けるような業務は人間がやるよりも機械に任せたほうがよいということを示していることなのです。そして，そうした業務の事例として，銀行の内部で行われていた仕事が示されているということなのです。今，銀行で働く若手銀行員の方々は，こうした指摘に対し，何をすべきか，考えてみましょう。銀行の中にある仕事のうち，単純労働に近い仕事を機械が行ってくれるのであれば，その成果を活かして，いかに創造的な仕事ができるのか，よく考えてほしいと思います。

【表10　銀行業務における人工知能活用の可能性】

審査業務	企業あるいは個人の経済活動データを入力することで，将来的な活動を予見し，企業向け融資（運転資金）や個人向けローン（カードローン，住宅ローン）における与信モデル（スコアリングモデル）を作成する
不正検知	不正取引を行う場合の異常値（通常の取引では表れないような「不規則な取引」）を分析し，クレジットカードの不正利用，保険金の不正

第2節　人工知能（AI）　　121

	請求，振り込め詐欺などを検知
マーケティング・将来予想	顧客口座のマネーの移動によって把握される購買行動などの金銭の使用に係る情報を有効に活用し，商品の効果的なプロモーションにつながるような将来の顧客行動を予測
市場取引	為替予測，株価予測など，市場の変動に係る情報を分析し，銀行あるいは顧客の市場取引に利用
マッチング・リコメンド	顧客の取引情報を活用する際に，効果的なマーケティングに活かされる商品提供に利用できる。適材適所のロジックは，商品だけでなく従業員の採用にも活かせるロジックとなる
調査・研究	大量の情報を収集・分析して活用する手法が確立されれば，顧客への市場情報の提供につながるだけでなく，電話・インターネットなどを通じて集まる顧客からの要望・クレームなど分析にも活かされるほか，ニュース記事の分析などにも使用できる

（出所）NEC「AIがもたらす金融サービスの変革」
　　　（https://jpn.nec.com/techrep/journal/g16/n02/160204.html）ほかの資料に基づき，筆者作成。

コラム(3)　日本産業における機械化の方向性

　平成28年度版の総務省の「情報通信白書」では，今後の日本産業における機械化に関し，以下のような方向性を示しています[39]。

　人工知能（AI）に関する研究の進展によって「識別（音声認識や画像認識など）」，「予測（数値予測やマッチングなど）」，「実行（表現生成やデザインなど）」といった機能の一部が実用レベルに達し，生活や産業への人工知能（AI）の導入が始まっている。ディープラーニングの登場により利活用の範囲はさらに広がる可能性が示唆されている中で，人工知能（AI）のさらなる進展が雇用に与える影響についての研究等が話題となっている。人が業務の中で道具としてICTなどの技術を活用する仕組みから，人と人工知能（AI）の共同作業に重点を置いた業務を中核に据える仕組みへの変革が期待されている。このような新しい仕組みの下では，人と人工知能（AI）はお互いが仕事上のパートナーであり，当然ながらその姿に行きつくためには，人と人工知能（AI）の相互の信頼関係に加えて，人工知能（AI）が単独で自律的な労働を担えることが前提となると考えられている。また，人工知能（AI）を労働の担い手としてみた場合には，これまで人が携わってきた業務の一部を代替することで，業務効率・生産性向上の可能性や，これまで人が携わることができなかった業務を担うことで，新規業務・事業創出の可能性を秘めていると予想される。

122　第6章　技術革新によって銀行はどう変わるか

　人工知能（AI）による技術革新については，有識者からも次のような意見があがった。「技術革新に伴って，それに関連する雇用が失われるのは時代の常で今に始まったことではない。例えば，自動車の発明により，馬車の御者などの雇用は失われたが，新たに自動車の製造や運転手などの雇用が生まれた。これは技術の進展に一般的な問題であり，AIだけを特別視するのは冷静さを欠いているように感じる。失われる雇用よりも，新たな雇用をどう創出するかを考えるべき。産業革命を考えても，技術の発展を無理やり止めるのは不可能です。（かつての技術革新との違いに関して）AI（人工知能）と人間の共同作業が促進される仕組みとなり得る」。

　そのうえで，AI（人工知能）と人間の相互の信頼関係のもとでシステムそのものが自律性を持つ点がこれまでの技術革新との違いになる。技術革新による雇用の代替や創出は，一般的な問題としてかつてから存在しており，人工知能（AI）だけの問題ではない。しかし，技術革新による雇用の代替や創出が人や社会に与える影響（例えば，必要なスキルの変化や平均賃金の増減など）は，技術や時代背景などにより様相が異なっていることが過去の技術革新の経緯から読み取れる。今後，人工知能（AI）による技術革新が雇用にどのような変化を生み出し，それにどのように対応していくかについては，その影響を冷静に見極める必要がある。

（平成28年版「情報通信白書」pp.242-243）

第3節 ロボットによる自動化(RPA)

　次に，ロボットによる業務自動化「RPA（Robotic Process Automation）」について見ていきます。RPAとは，人間が行っている業務を，そのままロボットにより自動化するものです。例えば，人がパソコンを使ってデータの入力を行い，単純な場合分けに基づき処理をするという事務作業であれば，その手順・ルールを定義づけすることで，パソコン上で自動的にその業務をオペレーションミスすることなくこなしてくれるようになるのです。事務処理において発生するヒューマンエラーを防ぐことができることになります。

●ロボット化できる銀行の仕事のタイプ

　銀行業務の中でロボット化に向くと考えられる業務にはいくつかのタイプがあります。一つは「処理件数が数百，数千という大量業務であり，扱うデータも多いもの」です。これは，現在，銀行員の多数の事務スタッフが対応している大量事務も，RPAでは人手をかけずに高速かつ正確に実行することができるからです。この取組みは人員の削減効果として費用対効果の計算がしやすいため，すでに多くの銀行が取り組んでいます。

　二つ目は「業務が連続しているもの」です。勘定処理や決済業務など，単純作業を間違えることなく連続して処理することが求められる銀行業務では，手順どおり，契約どおりに間違いなく処理しなくてはいけません。こういう業務ほど途中のヒューマンエラーを見逃しやすいものであり，問題が発生してからの修正に手間取ります。連続した業務になることで，多数の人間が関与し，複雑化した手順になることでミスが多くなる可能性が高くなるからです。このような業務はロボットが処理することに適しているといえるでしょう。

同様に,「単純作業を1日に何回も行う必要のある場合」もRPAに適しています。単純作業でも多数の取引先,お客さまの要望に応えるために,単純作業を繰り返す必要があり,膨大な事務作業が発生することになるのです。例えば,取引先からの依頼書に記載されたデータをコンピューターに打ち込むというような単純な転記作業でも,取引先数が多くなれば,その業務を処理するために多くの銀行員の時間を拘束することとなります。また,単純作業でも間違いが許されない業務では,その処理を手掛ける労働者の心理的負担は大きいでしょう[40]。

● 三菱UFJ銀行のRPA

銀行業界では,都市銀行を中心に導入実績も出始めています。三菱UFJ銀行では,早い段階からRPAを導入しています。2017年度の中間決算説明会において,2016年度までに約20業務(年間2万時間に相当)でRPAを適用し,さ

【図16 RPA技術の活用による三菱UFJ銀行の業務効率化】

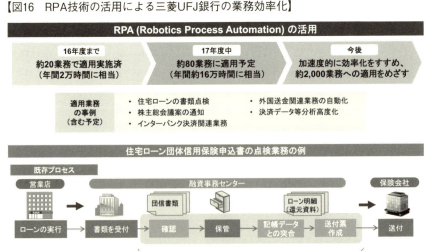

(出所) 株式会社三菱UFJフィナンシャル・グループ「2017年度中間決算説明会資料」(2017年11月21日) https://www.mufg.jp/ir/presentation/backnumber/pdf/slides1709.pdf

らに2017年度に約80業務（年間約16万時間に相当）にまで拡大する計画を立て，今後は加速度的に効率化を進め，約2,000業務への適用を目指すことを公表しています。

適用業務の事例として，住宅ローンの書類点検，株主総会議案の通知，インターバンク決済関連業務，外国送金関連業務の自動化，決済データ等の分析を高度化する業務をあげています[41]。単純ではあるが間違えることが許されない大量の業務の処理に利用している様子がわかります。

● 三井住友銀行のRPA

三井住友銀行は，2017年度に公表した中期経営計画の中で，3年で500億円，中期的に1,000億円のコスト削減を目指し，その重点施策としてRPAを活用した抜本的な業務改革をあげました[42]。コスト削減を徹底するために，ゼロベースで業務を見直すとともに，業務の可視化を実施しています。効率化は，無駄な業務の廃止，重複する業務の集約を進め，その上で残存業務をRPAで代替可能か検討し，自動化を実施するというステップで進められていきます。2017年11月の時点ですでにRPAによる自動化で約200業務，40万時間（開発着手分を含むと約65万時間）の業務量削減を実現し，同年度末までには100万時間，3年以内に300万時間（約1,500人分の業務量）以上の業務の削減，人員余力の

【表11　三井住友銀行の業務効率化とRPA】

・規制強化等により，今後，業務負担の増加が予想されるコンプライアンス・リスク関連業務（「疑わしい取引届け出」，「内部損失検証・計測」等）
・営業力・企画力の強化に必要となる情報収集業務（「休日，夜間を利用した業界情報やお客さまの取引情報等の収集」等）
・営業店支援業務（「お客さま宛運用報告資料」，「住宅ローンチラシ」作成等）
・「預金・為替・融資業務」等の事務センターにおける大量の定型業務
・その他，高頻度の本部定型業務（「各種計数報告」，「各種支払・申請事務」等）

（出所）三井住友フィナンシャルグループIR資料（2017年11月13日）「生産性向上の実現に向けたRPA（Robotic Process Automation）の活用について」
http://www.smbc.co.jp/news/pdf/j20171113_01.pdf

126 第6章 技術革新によって銀行はどう変わるか

捻出を目指しています。RPAの導入事例としてあげられているのは，内容点検，情報収集，営業支援など幅広い分野にわたっています。

　2つの銀行の取組みを見ると，RPAがかなり具体的にコスト削減に効果を上げることがわかります。また，2行以外にも，ベンチャー企業と連携した活用事例もあり，効率化に向けて注目されています。こうした技術が一般化するにつれ，機械ができることは機械に任せ，コストの高い「ヒト」はより高度な作業に従事するように業務シフトを変える取組みが始まります。先に見たディープラーニングによるAI技術の業務活用，技術進歩が話題となったことと重なり，広く機械化・自動化への取組みを推進する動きにつながることとなりました。人工知能が多額のシステム投資を必要とするのに対し，比較的ローコストで自動化の効果を得られるRPAを活用することで，銀行業務の中の事務作業は大きく軽減されるでしょう。

第4節 ブロックチェーン

　3つ目の技術革新として，すでに，銀行の経営環境を大きく揺さぶっている
ブロックチェーンについて見ていきましょう[43]。ブロックチェーンの技術は，
コンピュータネットワーク上の複数拠点に分散した関係者の間で，取引記録の
内容を相互に検証・合意・共有し管理する仕組みです。こうした特徴を持つブ
ロックチェーンは，集権型の情報管理から分散型の情報管理への制度の転換に
よって生じたものであり，当初は仮想通貨・ビットコインを支える技術として
開発されましたが，その後従来のシステムの構造を変革しうる技術として期待
が高まっています。

●ブロックチェーンの仕組み

　ブロックチェーンを活用したシステムには，いくつかの特徴があります。ま
ず，非中央集権的第三者機関への全面的な信頼の前提なしに取引を成立させる
ことが可能であることです。現在の日本の貨幣は，日本銀行が持つ信頼を背景
に発行されているのに対し，ビットコインは日本銀行が発行しているわけでは
ないことと比較してみるとわかるでしょう。次に，データやシステムが相互に
支え合うような形で運用・管理されることで障害に強いネットワークの構築が
可能であることです。ブロックチェーンでは取引にあたりバーチャルデータを
利用するものの，一つのサーバーですべての情報を管理するのではなく分散型
に記帳しています。

　分散型記帳システムの中では，途中でデータを改ざんすることはできず，追
記のみが可能な仕組みとなっているために，記録済みのデータの改ざんは実質
的に不可能です。追記の際には関係者間の合意が必要であり，合意なしでの不

正な追記は関係者に否認されるように仕組みがつくられています。その結果，商業取引において最も重要な取引記録が改ざんされるおそれがないシステムが出来上がっているのです。

【図17 従来のシステムとブロックチェーンを活用したシステム】

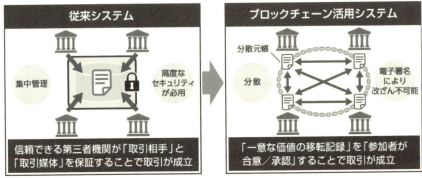

（出所）日立製作所ホームページ「日立の考える金融デジタルソリューション，ブロックチェーン」http://www.hitachi.co.jp/products/it/finance/innovation/blockchain/

● ブロックチェーンによって銀行はどう変わるか

　ブロックチェーンが普及することで，銀行は何が変わるのでしょうか。一つは，ビジネスプロセスの改善です。ブロックチェーンの分散型の考え方によって業務を再デザインすることで，銀行の業務プロセスを効率化できる可能性があります。仲介手数料の低減，業務の迅速化といった効果が期待できるでしょう。次に，ブロックチェーンの技術を活用することで，銀行業のシステムコストの大幅削減が期待されています。現在の銀行のシステムは，セキュリティ面を強化するためにますます巨額の投資を必要とするようになっていますが，ブロックチェーンが実用化され，銀行としては軽いシステムで対応できるようになる可能性があります。三つ目は，取引が厳正化されるという効果です。取引データの分散管理，および電子署名技術によって取引が保証されるため，取引内容の改ざんや取引の偽造は不可能になります。現在のコンピュータ技術の発

展とともに，ハッキングの技術も高度化していますが，分散型の記帳管理をすることで，ハッキングのリスクを回避することができるでしょう。四つ目は取引の透明化です。

　現金取引においては取引履歴を明らかにするトレイサビリティの重要性は高まり，銀行の店頭で本人確認を徹底するなど厳格な対応が求められています。この取引の厳格化による人的コスト，取引先に与える負担はかなり大きなものとなり，銀行窓口におけるお客さまの不満につながっているくらいです。ブロックチェーンを使えば，資金洗浄（マネーロンダリング）およびテロ資金対策が強化されることが期待されます。ブロックチェーン上に分散して記録されている取引の履歴はすべて残り，かつ関係者間で共有されるため，どこかで不正取引が行われた場合は，その記録を見ることで犯罪行為を明らかにすることができるからです。

●メガバンクが手掛けるブロックチェーン

　具体的な日本の銀行における取組状況として，メガバンクはそれぞれ積極的に実証実験を行っています。みずほフィナンシャルグループは，2016年12月に仮想通貨「みずほマネー」を開発したと発表しています。三菱UFJ銀行は，2016年にシンガポールで小切手を電子化する実証実験を行い，2017年5月に仮想通貨「MUFGコイン」の実証実験を開始しています。三井住友銀行は，2017年12月に貿易分野におけるブロックチェーン技術の適用可能性に関する実証実験を開始しました[44]。

　さらには，分散記帳の技術は，銀行だけでなく証券会社や保険会社の取引への活用のほか，物流業務における在庫管理などでも使えるのではないかという実験事例もあり，今後の実用化が期待されています。電子データで取引記録を残すことにより改ざんのリスクが発生し，それを防ぐためのコストが高まる中で，銀行業務のコスト構造は維持可能な水準を上回るものとなりつつあります。ブロックチェーンによって，このリスク・コストが軽減されることで，構造不況業種化している銀行産業の費用構造が見直されれば，新たなビジネスモデル

の開発につながることが期待されます。

【図18 ブロックチェーン技術を活用して小切手を電子化する実証実験】

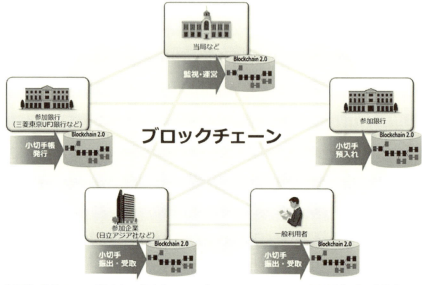

(出所) 日経XTech「日立と三菱東京UFJ, ブロックチェーンによる電子小切手の実験をシンガポールで開始 (2016/08/24)」
https://tech.nikkeibp.co.jp/it/atcl/ncd/14/457163/08230 1668/

第5節 技術革新によって変わる銀行ビジネス

●技術革新によって大きく変わる銀行ビジネス

　これまでの節で見てきたように技術革新の影響は，銀行の仕事のうち事務処理部門だけでなく与信判断などの分野にまで及ぶこととなることが予想されています。これらの技術変化に伴って，銀行をめぐる産業構造は大きく変化するでしょう。銀行員の皆さんは，環境変化を恐れるのではなく，技術革新の内容を正確に理解し，その後に起こる社会変化についてよく考えておかなくてはいけません。

　銀行がこれまで担ってきた仕事は，取引先との関係性に基づく営業（貸出，商品提案など）のほか，取引記録を正確に残していく記帳業務（預金，為替など），あるいは複雑な計算を伴う審査業務があり，機械に置き換わっていく可能性が高い業務が多く含まれています。例えば，お客さまから依頼された事務処理を間違わないように正確に行うことに価値がある業務などは，ヒューマンエラーを起こさない機械のほうが正確に業務をこなしていくのではないでしょうか。

　現在の技術変化は，銀行にとって，大幅なコスト削減，あるいは労働人員の削減につながるでしょう。これまで「優秀な」銀行員が長い時間をかけて丁寧に間違うことなく行ってきた記録・計算などの作業はコンピューターを使って短期間に間違うことなく実行することができるようになります。多くの銀行の窓口でテラーの職員でなければ処理できなかったような事務処理（預金の受払，送金為替業務）はATMが処理しているため，テラー職員の数は減るとともに，資金運用などのアドバイス業務など，単純作業以外の仕事が求められるようになっています。銀行のコア業務である金融仲介の要となる「貸出業務」におい

132 第6章 技術革新によって銀行はどう変わるか

ても，豊富なデータがインプットされるのであれば，銀行員がデータを処理し
て返済可能性を計算するよりも，コンピュータが処理したほうが正確かもしれ
ません。予期せぬ出来事に対しても，日常の大量な取引記録に基づいてAIが
計算したほうが，銀行員の「勘と経験」よりも起こり得る可能性を幅広く集め
比較し正確な結果を返してくれるのかもしれません。

● **人間にしかできない仕事の価値は高まっていく**

　ただし，機械に置き換わる業務がある一方で，人間にしかできない業務もあ
ります。これまで取り組めていなかった仕事を機械の力を借りて実現できるこ
とも期待できます。これからの銀行員には正確に将来を予見し，そのノウハウ
を蓄え，伸ばすことが求められています。技術革新によって，人間が行ってい
た業務を機械が代わって処理してくれるようになると，銀行員の数は減ってい
くかもしれませんが，その一方で，銀行員に求められる能力はより高くなって
いくでしょう。例えば，新たな時代の銀行の融資担当者は，データに基づく貸
出審査ではない，異なる方法で取引機会を見出し，その取引の安全性を見抜か
なくてはいけなくなるでしょう。こうした時代の変化に対応できるように，既
存の銀行および銀行員は変化していかなくてはいけません。

● **技術革新が引き起こすイノベーションのジレンマ**

　銀行の利用者の立場で考えてみましょう。利用者にとっては，これまでと同
じ満足・効果が得られるのであれば，まったく違う技術が使われていたとして
も問題ありません。さらにいえば，銀行の提供するサービスは，これまで情報
の正確さや安全性に対するお客さまからの高い期待に応える必要があり，それ
が銀行業務の高コスト構造につながっていました。従来のものより代替的な技
術のほうが，多少品質的に劣っていたとして，圧倒的に安いコストで提供され
るのであれば，利用者にとっては十分に満足を得られることでしょう。現在の
技術革新は，同水準の正確さや安全性を安い費用で提供することを可能にする
というものですから，お客さまからの要求水準を満たせば，既存のサービス提

第5節 技術革新によって変わる銀行ビジネス 133

供者の地位は脅かされるおそれがあるともいえるでしょう。既存の競争環境で優位なポジションにある企業ほど，産業全体を変えていく本質的な変化（破壊的革新）への対応が遅れてしまう「イノベーションのジレンマ」が発生するおそれがあるのです（⇒コラム(4) イノベーションのジレンマ[45]）。

現在の銀行が直面する技術革新は，まさにこの破壊的革新にあてはまるのではないでしょうか。すでに多額の設備投資（情報システム投資，店舗投資）を済ませ，現在の環境に適した組織を作り上げている競争優位な銀行（メガバンク，有力地方銀行）にとって，産業全体を変えていく破壊的イノベーションに対応することはとても難しいことです。現在の環境変化，新たな技術革新が将来を大きく変えていくものだと捉えて対処できるのか，それに合わせて組織の変革を進めることができるのかなど，先行企業にとっては，今後の生存確率を左右するような大きな問題に直面しているのです。

コラム(4) イノベーションのジレンマ

従来の企業競争では，他社に先んじて優位な地位を得た先発企業が優位となる「先行者優位；First Mover Advantage」な状況でしたが，現在の技術革新の発展次第では，こうした「常識」が通用しなくなるおそれがあります。環境変化が激しく複雑な場合には，新しい技術を使用したほうが競争力を持つ可能性が高まっています。先行者優位の原則があてはまらず，「先行者劣位；First Mover Disadvantage」となってしまうような事例も増えてくるでしょう。

先行者劣位の状態が生ずるのは，産業の中で破壊的なイノベーションが起こるときに，既存の市場で優位なポジションを得ているプレイヤーほど，そのイノベーションに追随できないことがあるからです。これが「イノベーションのジレンマ（Tho Innovator's Dilemma）」といわれる現象です。ここで破壊的イノベーションとして説明しているイノベーションは，従来からの属性評価基準では価値を減じながらも，それまでにない新しい製品属性で新たな価値を提供しているような技術革新を指します。破壊的イノベーションを活かした製品が市場に参入するときには，お客さまの価格と性能のバランスが，一瞬で変化する可能性があります。それまで既存市場で既存顧客のために製品の品質改善（持続的イノベーション）に取り組み，市場の動きをリードし競争優位を保ってきた企業ほど，新たな技術革新・市場の変化（破壊的イノベーション）への追随が難しくなるのです。

134　第6章　技術革新によって銀行はどう変わるか

　先行者が新しい時代の変化に追随できず，イノベーションのジレンマが生ずる
要因を考えてみましょう。まず，企業はお客さまと投資家に資源を依存しており，
短期的利益を求める株主の意向が優先し，既存顧客に対応する必要があります。
次に，新たな技術が市場に出現した初期の時点（イノベーションの初期）では，
市場規模が小さく，大企業にとっては参入の価値がないように見えてしまうこと
があげられます。3つ目の要因は，既存市場で大きなシェアを押さえている企業
にとっては，新たな市場は十分に分析できず，不確実性も高いため，参入の価値
がないように見えてしまうこともあります。4つ目の要因は，既存事業を営むた
めに組織能力を高め，組織形態を適合させると，異なる事業には合わなくなって
いることがあります。そして，5つ目の要因は，既存技術を高めることと新たな
技術を伸ばすことには，必ずしも関係性がないため，既存企業は新技術開発に十
分に企業資源を割けない可能性があるということです。

　こうした要因によって，これまで競争優位にあった企業ほど，新たな技術が市
場の中心的な潮流になったときに，競争劣位になってしまいます。こうした事態
に陥らないためにも，現在，競争優位にある企業ほど新たな時代の流れに気を配
り，革新的な動きを社内で取り組む必要があるのです。

第7章

今後，銀行がとるべき
戦略は何か

これまで見てきたように，銀行業界は厳しい環境にあり，さらに大きな変化に
直面することは間違いないでしょう。大きく変化する時代だからこそ，同質競
争から逃れ，競争相手との違いを際立たせることが大事です（差別化戦略）。
今までの成功体験にとらわれず，新たな気持ちで大きな変化に取り組むことが
重要です。誰も手掛けていない新たな仕事（ブルー・オーシャン）を見つける
ためには，一人ひとりが，従来の仕事をゼロベースで見直し，アプローチする
ことが求められています。

第1節 差別化戦略の重要性

　これまで見てきたように，現在の銀行産業は，非常に厳しい環境に直面しています。まさに構造不況業種といわれるように，コスト構造は高コスト化し，取引先企業からの要請は厳しくなり，一つひとつのビジネスの難易度は上がっています。その一方で，新たな情報技術の活用が進む変化の時代に直面していて，その機会を捉えることで新たなビジネスチャンスの獲得を期待できるタイミングでもあります。こうしたときだからこそ，銀行は適確な戦略を選択し，速やかに時代の変化に対応することが求められているのです。本章では，新たな時代に直面する銀行がとるべき戦略について考えてみましょう。

●都市銀行にコスト競争力はあるか

　これまでの銀行がとってきた戦略について，改めて整理してみましょう。銀行が提供する金融仲介業務が，規模の経済性が働く比較的シンプルな事業構造にあります。その一方で，貸出業務や預金業務と合わせて提供する金融サービスには幅広い業務領域があります。それぞれの業務分野における銀行の戦略は，ポジションに応じて異なるものとなるはずです。単純に企業規模に着目して戦略を考えると，都市銀行は規模が大きいのでコスト・リーダーシップ戦略を採用し，地方銀行は規模に劣るため地域特性に応じた差別化戦略を選択するのが，戦略選択の一つの答えのように見えます。ところが，実際の状況を見ると，都市銀行はスケールメリットを活かして，国内外に幅広く事業展開をしているとはいえ，必ずしも地方銀行よりコスト競争力があるとはいえません。規模の経済性によるコスト引下げ効果よりは，逆に，多くの人員を抱え，多額のシステム投資を行うなど高コスト構造になっているのではないでしょうか。取引先数

第1節 差別化戦略の重要性 137

が多くなるほどシステム投資がかさむ規模の不経済が働いているようです。

●地方銀行が提供する独自性

　一方で，地方銀行の提供するサービスメニューを見ると，その地域に存在する企業やお客さまに対象を絞り込んだ商品提案をしていますが，必ずしもターゲット顧客の事情に合わせた商品開発，顧客対応による差別化戦略が十分に実行されているとまではいえません。事業規模と戦略の組み合わせが十分に機能しているとはいえない状況にとどまっているといわざるを得ません。その地方銀行では，現在，事業基盤の見直しが急務になっています。地方銀行の生き残り戦略としては，地元のお客さまの声に応えてサービス提供をするフォーカス戦略を選択したほうがよいかもしれません。金融庁が地方銀行に対して，リレーションシップバンキングの重要性を示しているのも，こうした背景があるからだといえるでしょう。

●必要なことは価格競争から脱却すること

　従来の銀行業務は差別化が難しく価格競争（金利競争）に陥りがちでした。これは，銀行に限った話ではありませんが，現在のように成熟化した社会では，商品の差別化が難しいコモディティ商品においては，供給力が需要を上回る傾向にあるため，厳しい価格競争から収益確保が困難になっています。差別化できない商品分野では価格競争が激しく，企業が利益を確保するのが難しくなっているのです。このような時代だからこそ，3つの基本戦略（コスト・リーダーシップ戦略，差別化戦略，フォーカス戦略）の中で，他社との違いを明確にすることが重要になっており，差別化戦略が重要になっているのです（⇒コラム(5)　3つの基本戦略）。

コラム(5)　3つの基本戦略

　企業が業界内の競争の中でライバル企業に勝つためには，①コスト・リーダー

シップ戦略，②差別化戦略，③フォーカス戦略の3つの基本的戦略のパターンがあります。コスト・リーダーシップ戦略とは，競争相手よりもコストを引き下げることで，競争力を強化する戦略です。差別化戦略は，競争相手とは異なるユニークな方法で製品・サービスを提供することを目指す戦略です。そして，フォーカス戦略は，市場を絞り込み，資源を集中的に投下することで，ニッチな市場で生き残ることです。差別化戦略については，本文で詳しく見ているのでここでは割愛し，コスト・リーダーシップ戦略とフォーカス戦略について説明します。

　銀行の場合，先に見た「5つの競争要因」でも触れたように，貸出業務から見ると，差別化が難しく規模の経済性が働く産業特性があると考えられます。その結果，資金量の大きい都市銀行が有利になったり，地方銀行がより強い競争力を求めて合併をしたりする事例が多く見られました。合併により本部・管理部門において，共通コストを一元化し効率化が進むこととなります（範囲の経済性）。これまでの銀行業務では，コスト・リーダーシップ戦略を活用できる産業特性にあったといえるでしょう。

　フォーカス戦略では，市場全体を対象と考えず，お客さまを絞り込むことで，高利益率で安定した売上，そして一定の成長を維持することが目標になります。戦略の基本方針は，企業が生き残っていく事業領域全体において，他社とは違うという差別化された状況になることを目指します。そのために，ターゲット市場の選択がとても重要です。そのターゲット市場，取扱商品の成長が速すぎないようにセグメントを選ばなくてはいけません。セグメントを狭くすることで，期待される利益の絶対額が小さくなれば，大企業から見ると魅力的な市場ではなくなります。

　狭いセグメントに自社が持っている経営資源を集中させることで，他社との違いを明確にすることができれば，お客さまは高い値段でも買い続けてくれます。限られたニッチ・セグメント（隙間市場）で高い利益率を維持できるように，ユニークな製品・サービスを通じて，顧客が十分に満足すれば，高い収益率を確保できます。

　フォーカス戦略では，狭い市場でお客さまのニーズに沿った深い研究開発によって差別化を図る場合と，多くのお客さまのニーズに合わせるのではなく，限られたニーズに合わせることで費用を抑える場合が考えられます。差別化に着目したフォーカス戦略では，限られた資源を集中させることで，その限定した市場においては競争相手より経営資源の厚みがつくようにし，競争優位を実現することを目指し特定のお客さまの特異なニーズに徹底的に対応し，差別化を図る戦略です。コストに着目したフォーカス戦略では，余分な取組みをやめてムダを排除し，狭い市場分野で繰り返し活動することで効率化を図っているのです。

●他社との違い（差別化のポイント）を追求する

差別化戦略の基本は、「自社が提供する商品が、他社の商品と違う」ということをお客さまにわかってもらうことです。そのためにも、自分たちが提供する商品・サービスをよく理解してくれる目標市場（ターゲット）を探り出さなくてはいけません。お客さまを分析し「よく似たニーズ・性向を持つセグメント」に分けた上で、効果的にマーケティングをするために、「競合相手と違う部分」を作り出すとともに、その違いを理解してくれる人を探し出すことが重要なのです。高度な金融テクニックで差別化するのであれば、そのようなテクニックを利用する機会のある企業をターゲットにする必要があります。地域の特性を売り出そうと思えば、その地域に住んでいる人でないと違いはわかりません。ターゲットの明確化は差別化戦略の第一歩です。

より少ない費用でより高い効果を上げるために、自分たちが何をしたいのかを考え、「中長期的な視点でのアプローチ」と「短期的に効果が表れる施策」を組み合わせていかなくてはいけません。そのために、自社の提供する商品の製品そのものの本源的価値と補助的サービスおよびその他の見えない価値（情報的資源）を組み合わせてお客さまにアプローチします[46]。企業が提供する商品・サービスを通じて、お客さまはさまざまな満足感を得るのですが、本源的価値に着目し、自社の提供する商品の中で、お客さまが何に価値を見出して利用してくれるのかを特定することで、効果的な差別化の方法を考えることができます。本当のライバル企業は同業他社ではないかもしれません。また、補助的サービスは、本質的サービスをより魅力的にするために利用し、リピート顧客を育成するために重要な役割を果たします。

●マーケティングの４つのＰ

自社の提供する商品の他社との違いを明らかにし、ターゲット顧客を定めたら、その顧客に対してアプローチしなくてはいけません。企業は効果的にお客さまに自社製品を届けるために、「Products（製品）」「Place（流通）」「Price（価格）」「Promotion（宣伝）」の４つのマーケティング手法を組み合わせるこ

ととなります。

　銀行の差別化戦略を考えると，貸出取引においては，金利引下げ競争に陥り
がちですが，カネ余りの時代となり，取引先にとってはスイッチングコストが
低い状態となっているのです。各銀行の差別化のための取組みを見ると，付加
価値のある情報提供などを通じて，銀行の良さを理解してもらい，選んでもら
える銀行になる工夫が求められています。これが非常に難しいことはいうまで
もありません。しかし，この難しい問題に取り組まなくては，銀行の生き残り
戦略を描くことは困難な状況です。現在ある事業資源によって，ターゲット顧
客に合わせた差別化が可能か十分に吟味し，これまでの発想での差別化が難し
ければ，違う点を差別化競争のポイントとするように考える必要があるでしょ

【表12　銀行の差別化戦略におけるマーケティングミックス（４Ｐ）の概要】

4 P	項目の概要	銀行の戦略イメージ
Products（製品）	提供する製品そのものによる差別化で，本質的サービスと補助的サービスの組み合わせによって提供されます。本質的サービスは，製品種類，品質，デザイン，特徴などで，補助的サービスは，ブランドネームやパッケージ，おまけなどのことです	本質的サービスである貸出業務での差別化ができるのが一番ですが，銀行の貸出業務は差別化が難しいため，補助的サービスを強化することで差別化を図ることになり，情報提供や経営助言などの付加サービスを提供できる組織づくりを行っています
Place（流通）	提供者から最終利用者にわたるまで（流通範囲，立地，在庫，輸送など）が対象です。提供する商品・サービスの特徴とターゲットとするお客さまの行動パターンを考慮して決めます	サービス提供チャネルは，支店窓口やATMの活用に加え，インターネット・バンキングが増えています。ただし，この取組みも各社同様に進められており，必ずしも差別化要素とはなっていません
Price（価格）	価格では，単に高いか安いかだけではなく，割引率，支払条件，信用取引条件なども含みます	金利・返済条件などによる差別化は難しいが，可能な限り安易な金利引下げ競争に陥らないようにしなくてはいけません
Promotion（宣伝）	販売促進，広告，販売費活動，広報活動のことです。最近はPush型プロモーションよりも，Pull型プロモーションが有効になっています	イメージ戦略が活発に行われています。例えば，地方銀行は，独自性を打ち出すために地域密着の宣伝活動が取り組まれています

（出所）各種資料より筆者作成。

う。あるいは，顧客の望む本質的サービスを見極め，同質の商品・同水準の
サービスを低コストで提供しつつ，他社との連携による差別化の模索など，さ
まざまな企業努力が必要とされているのです。

　他社との違いをお客さまに認識してもらうような差別化戦略を実行するには，
その違いを生み出すことができる企業の独自能力が備わっていなくてはいけま
せん。

●差別化戦略で何を追求するか

　差別化戦略は，一時的な商品開発による単発での成功では意味がなく，中長
期的に他社と差別化できなければ意味がありません。中長期的な競争優位が確
保できなければ，差別化のために行った投資を回収できないことになりかねま
せん。自社の強みを十分に見極め，その強みを伸ばす形での差別化戦略に取り
組めるかが，これからの銀行の生き残りのためのポイントとなります。組織の
中に仕組みを作り上げ，継続的に差別化に取り組み成功できる体制が必要です。
組織として他社に模倣されないような仕組み，模倣されても新たな価値ある経
営資源を獲得できる体制を構築する必要があるのです。また，差別化できる商
品開発にあたり重要な点は，銀行が提供できる商品を開発するという「作り手
発想」ではなく，「利用者発想」に基づく商品開発に取り組まなくてはいけな
いという点を忘れてはいけません。いくら機能が優れた「製品価値」が高い商
品が出来ても，顧客が望む「顧客価値」が高い商品でなくては市場では受け入
れられないのです（⇒コラム(6)　**製品価値と顧客価値**）。

コラム(6)　製品価値と顧客価値

　他社との違いをお客さまに認めてもらい，継続的に利用してもらえるようにな
ることを目指す「差別化戦略」ですが，一つ注意することがあります。それは，
企業が提供できる「製品価値」とお客さまが認識する「知覚価値」が違っている
可能性があるということです。企業が提供する商品に対する価値は，お客さまが

認識することで初めて生じます。その商品が他社の提供する商品よりも良い（相対的品質が高い）と感じるのは，消費者が認識する「知覚品質」として捉えられるのです。消費者・利用者が知覚して初めて，その製品の価値が定まるということは，提供する側の「自己満足」では意味がないということです。

　銀行の提供する貸出という商品は，標準的なコモディティ型の商品ですが，今，目指さなくてはいけないのは，取引先１社ごとのニーズあるいは個人のお客さま一人ひとりの声に応えて作り込むオーダーメイド型の商品設計です。良いものを提供しているといくら企業側が考えても，利用者がその価値を認めてくれなければ，他社の製品より自社の製品を選んでくれるようにはなりません。大切なことは，どこにお客さまが求める価値が存在するかを理解することです。銀行員一人ひとりがそのような気持ちをもってお客さまに接すれば，他社とは違うと認められ，「差別化」されていくことになるでしょう。

●銀行員一人ひとりに求められる意識改革

　銀行業における差別化は非常に難しいことです。だからこそ，差別化できるポイントを見出し，資源を集中していく試みが必要です。カギとなるのは，一人ひとりの銀行員の意識です。差別化戦略を成功するためには，企業としての取組みだけではなく，一人ひとりの銀行員が差別化に向けた工夫・努力を続けることが大切です。一人ひとりの銀行員の意識改革により，「選んでもらえる銀行」になるための努力が重要だということです。企業としては，この意識を銀行員一人ひとりに持たせることが差別化戦略の第一歩です。何か他の銀行と違う商品を提供したい，何か付加価値のある情報を届けたいという意識を一人ひとりが持つことが大事です。企業としての取組みを考えると，仲介ビジネスでありサービス産業である銀行業として，最大の武器はヒトです。人的資源の充実を図るということが重要であることを忘れてはなりません。

第2節 ブルー・オーシャン戦略

　これまでの内容を見て，現在の銀行業界内の競争環境は非常に厳しい状況にあること。そして，厳しい状況となってしまった要因も理解できたでしょう。今の状況のままでは，今後を展望しても，価格競争が厳しい「レッド・オーシャン」が続くといわざるを得ないでしょう。こうした状況に対し，発想を変えて新たなビジネスチャンスを見出すために，競争のない環境（ブルー・オーシャン）を追い求めるというアプローチがあります。W・チャン・キムとレネ・モボルニュ（INSEAD）によって示されたブルー・オーシャン戦略です[47]。これまでの仕事の仕方を見直し，まったく違う発想からお客さまに新たな価値提供をする方法がないか考えることは，企業の新たな戦略発想というだけでなく，企業で働く従業員一人ひとりが仕事をするときの意識として，「今の仕事の方法で本当にいいのだろうか」，「何か新しい仕事の仕方を工夫できるのではないか」と問い直してみることにも役に立つものだといえるでしょう。

● ブルー・オーシャンを探す

　ブルー・オーシャン戦略において，最初にやるべきことは，今，自分たちが働いている分野に「ブルー・オーシャン」があるか，言い換えれば，競争のない状態にたどりつくために目指すべきビジネスモデルは何かを見極めるということです。そのために戦略キャンバスを使って業界各社の競争要因を整理します。戦略キャンバスとは，横軸に「企業がお客さまに提供することができる価値（サービスメニュー）」を置き，縦軸に「お客さまが享受するメリットが大きいか，小さいか」を置いたグラフです。戦略キャンバスの上に，現在取り組んでいる事業を描くことで，どこに新たな付加価値をつける事業機会があるか

が見えてきます。

　既存の事業モデルの良い点と悪い点が「見える化」され，どのようにしたら，新たな事業を評価したらよいかがわかってきます。新たにスタートさせようという事業があれば，それを既存事業と並べて描くことで，顧客が満足していない点が見えてきて，新事業の差別化のポイントが明らかになります。戦略キャンバスを使って事業の内容を評価することで，ブルー・オーシャン戦略が何を目指すものなのかがわかってくるでしょう。

●金融業のブルー・オーシャン

　銀行における新たな業務の戦略キャンバスを考えるにあたり，池上重輔氏が示した「生命保険の戦略キャンバス（通常の生命保険会社とソニー生命の比較）（図19）」を見てみましょう[48]。池上氏は，横軸に「価格，セールスレディ，商品，営業など」をあげて，それぞれについて既存の生保とソニー生命を比較して評価を付けています。この戦略キャンバスを見ると，ソニー生命は，既存の生命保険会社と価格を同水準に設定しながら，パート的セールスレディを大きく減らし，縁故営業や営業担当の回転率を下げています。

　特に，既存の生命保険会社のビジネスモデルの中で顧客サービスの中心となっている「生保レディ」の人員を減らすというのは大きな戦略的決断だといえるでしょう。その一方で，商品のパッケージ度を下げ，製品のカスタマイズ，包括的な資産コンサルテーションを上げています。こうした商品設計に応えることができるように，営業職の報酬を上げプロフェッショナル意識を持つ職員による手厚いコンサルティングを強化することで，従来の生命保険会社との違いが明確になり，大いに異なる戦略価値曲線が戦略キャンバス上に描かれています。こう見ると，ソニー生命が何を武器としてお客さまに受け入れられているのかはっきりと見えてきます。

【図19　ソニー生命と既存の生命保険会社の戦略キャンバス】

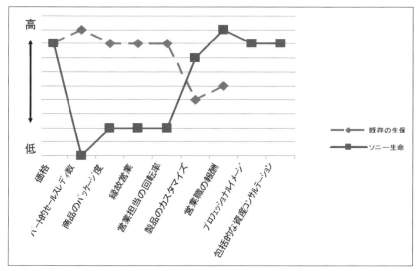

(出所) 池上重輔「保険業界におけるブルー・オーシャン戦略の検証－ソニー生命とライフネット社の事例から－」(2011)

　ここでは示しませんが，銀行業務に関してもソニー生命と同じように，新たなサービス提供をしているベンチャー企業の業務内容を分解して考えることができます。提供する製品・サービスの中で，新たなサービスメニューと，既存の銀行が提供するメニューを比較し，重点的に提供している点とあまり重視していない内容を分析し，戦略キャンバス上に戦略価値曲線を描いてみれば，それぞれの企業の狙い，顧客に訴求しようと考えているポイントを把握することができるでしょう。

　逆にいえば，今のサービスを分析することで，今までにない新たなサービスメニューを提供する企業が生まれるかもしれません。既存の銀行が提供するサービスに対して利用者が感じている満足している点と満足していない点を横軸に並べ，その満足度を縦軸に示すことができれば，改善すべきポイント，新たな商品設計のアイデアなどブルー・オーシャンを探すヒントが隠れているはずです。

146　第7章　今後，銀行がとるべき戦略は何か

●既存事業を再構築する

　それでは，既存事業に対し，何を変えて新しいビジネスチャンス「ブルー・オーシャン」を探し出すことができるのでしょうか。W・チャン・キムとルネ・モボルニュは，お客さまのニーズに基づいて，既存事業が提供できているサービスを捉え直すことだといっています。このとき，①Eliminate（捨てる），②Reduce（減らす），③Raise（増やす），④Create（付け加える）の4つのステップで再検討することが重要です。

　既存の仕事の仕方を前提とせずに，不要なものを削り，新たな考えを実現するために必要なものを加えていかなくてはいけません。シンプルなアプローチですが，この4つのアクションを通じて，既存の企業・産業が提供している商品・サービスにおいて「当然のこと」だと思っていたことをゼロベースで見直していくことが重要なのです。

【表13　ブルー・オーシャン戦略における4つのアクション】

Eliminate （捨てる）	業界常識として製品やサービスに備わっている要素のうち，取り除くべきものは何か
Reduce （減らす）	業界標準と比べて，思いきり減らすべき要素は何か
Raise （増やす）	業界標準と比べて，大胆に増やすべき要素は何か
Create （付け加える）	業界でこれまで提供されていない，今後付け加えるべき要素は何か

（出所）W・チャン・キム＋レネ・モボルニュ（著），入山章栄（監訳），有賀裕子（訳）『［新版］ブルー・オーシャン戦略－競争のない世界を創造する－』（2015）より筆者作成。

●銀行業務に対する4つのアクション

　試しに，この4つのアクションを銀行の業務にあてはめてみましょう。イメージしやすい事例として「支店の活動，ATM利用など」について考えてみます。すでに取り組まれている内容も含まれますが，ケースとして取り上げてみることで，ブルー・オーシャン戦略の理解が深まるでしょう。

まず，「捨てるべきもの」あるいは「減らすもの」には，「他行との横並びのために取り組んでいる仕事」という観点で自分の仕事を見直してみましょう。必ずしも自分の銀行の特徴ではないような業務はたくさんあるのではないでしょうか。また，丁寧に仕事をすることは良いことですが，事務処理に多くの銀行員が携わっているとしたら，そのコスト負担は多額となります。業務の簡素化には取り組まなくてはいけません。

無人ATMなども減らしてもいいかもしれません。すでにコンビニエンスストアに多数のATMがある時代に，銀行が独自に無人ATMを自前で保有し運営することを見直しても良いのではないでしょうか。支店運営についても，ヒト・モノなどの物理的資産を自前で抱えていることで生ずるコスト負担は大きいため見直しの効果は大きいでしょう。

逆に，「増やしていかなくてはいけないもの」は何でしょうか。例えば，店舗の閉店時間（午後3時）などがその例として考えられます。個人のお客さまが不便に感じるという声が大きいのは，午後3時になったら店舗が閉まってしまうことです。見直してみる価値はあるのではないでしょうか。こうした変化を実現するために付け加える必要があるものとして，フィンテックなどで取り上げられる技術革新の成果の取込みを考えてみましょう。例えば，将来的にATMのほかに無人接客ができるようなAIを搭載したロボット銀行員を設置することができたら，午後3時以降も店舗を開けることができるようになるかもしれません。ただし，このような新しい技術を取り込むときには，仕事の仕方を表面的に変えるだけでなく，その技術を最大限に活用できるように組織も見直すことが必要です。

現在の銀行は組織構造もさることながら，若手社員から見ると，中堅社員の考え方が硬直的なことが問題であると感じることも多いようです。中堅社員はこれまでの長い銀行員経験に基づいた仕事の仕方に基づいた考え方で業務に取り組みがちです。新たな技術を導入していくためには，自由な発想ができるように組織の形から見直す必要があるのかもしれません。

このように，店舗に関係する銀行業務を4つのアクションにあてはめて再検

討してみるだけで，いくつかの問題点が整理できます。これを営業活動やその他の銀行業務まで含めて考えると，多くの業務において再検討する余地があることに気がつくでしょう。業務を見直し，新しい戦略キャンバスが描ければ，ブルー・オーシャンが見えてくるでしょう。

●セブン銀行が切り開いたブルー・オーシャン

　ブルー・オーシャン戦略の新版には日本の銀行における事例として，ナローバンクとして開業したセブン銀行が取り上げられています[49]。そこでは「対面対応」といった要素を捨て，「利用者の利便性」を徹底追求する戦略キャンバスを描き出したとされています。そのモデルを実現させるために580社以上の金融機関と提携していることを示し，収益源が提携銀行に口座を持つ利用者がATMを利用すると，提携金融機関から手数料を受け取るという仕組みを示し，「市場（顧客）の境界を引き直すというよりは反転させた」と評価しています。取引主体の間に存在する中間事業者として，収益を得る相手を銀行利用者とするか，利用してもらう銀行とするかは，その取引・サービスを必要とする人はだれかを再定義するところから始まります。まさに，銀行の常識的な発想を大きく変えるビジネスモデルといえます。

　ブルー・オーシャン戦略では，新たな事業機会を見出すことが大事ですが，そのあと事業化していく（価値創造を実現する）ためには，組織的な取組みが必要です。W・チャン・キムとルネ・モボルニュは，具体的な取組みとして，6つの原則を示しています。ステップを踏んで実行に結びつけていくことで，銀行産業の中にある「カチカチ頭」を柔らかくすることができれば，ブルー・オーシャンとしての新しい事業機会を活かし，新たな価値創造につながるのではないでしょうか。

第2節　ブルー・オーシャン戦略　149

【表14　ブルー・オーシャン戦略の6つの事業化ステップ】

① 市場の境界を引き直し競争を迂回し，ブルー・オーシャンを創造する ② 価値創造を実現するために，大局的見地で戦略プロセスを設け，戦略キャンバスに反映させる ③ 新たな需要を掘り起こすために従来の慣行を問い直す ④ 正しい順序で戦略を考える ⑤ 組織面のハードルを乗り越える ⑥ 実行を見据えて戦略を立て，公正なプロセスで策定・実行する

（出所）W・チャン・キム＋レネ・モボルニュ（著），入山章栄（監訳），有賀裕子（訳）『[新版] ブルー・オーシャン戦略－競争のない世界を創造する－』（2015）より筆者作成。

第**3**節 多角化戦略への期待

●多角化の合成効果

　銀行の業務は多様化し，最近では証券会社や信託銀行あるいはリース会社，事業ファンド，総合研究所などと一緒に金融グループを構成している企業が多くなっています。また，最近成長が著しいフィンテックに関連する業務に進出するにあたり，子会社あるいは企業提携の形を使うこともあります。企業が多角化に取り組むには，その企業の直面する環境によってさまざまな理由があります。新しい時代の変化に対し，銀行業務だけにこだわらず，お客さまの視点に立って，その要望に応えることができるような金融サービスの提供が必要です。

【表15　企業が多角化に取り組む要因】

既存事業の長期停滞を避ける	既存事業はライフサイクル「導入→成長→成熟→衰退」に沿って停滞・衰退するので，企業は新たな成長分野を求める必要がある
事業リスクを分散する	特定の事業に集中すると，業界の環境変化によって業績が大きく変動しかねない
範囲の経済性を期待する	共通費用が発生する事業分野に多角化することで，コスト削減メリットを追求する
経営資源を有効活用する	企業活動を通じて蓄積される経営資源（有為な人材，設備等の物的資源，資金，あるいは信頼などの情報資源）を有効に活用できる事業機会を取り込む

（出所）　各種資料より筆者作成。

　このような多角化を進めることができれば，既存の事業と新規事業との間で合成効果（相補効果，相乗効果）が生まれることになり，成功した多角化と評価できることとなります。銀行が展開している多角化について，相乗効果の例

第3節　多角化戦略への期待　　151

を考えてみます。すでに借入をしている既存取引先に対し，貸出以外の業務
（例：証券業務）を提案するとき，これまでの取引に基づく情報からそのお客
さまの困っていることや期待しているものを理解し，上手に組み合わせて最適
な解決策を提案することができれば，良いシナジーが働いているといえるで
しょう。

　また，銀行の業務の中で機能部門が専門性を高めつつ，支店では多くの商品
を取り扱うのは，相補効果を期待した取組みといえるでしょう。支店業務の中
で，そこで働く従業員の仕事を考えたときに，現在のような借入需要が少ない
ときには，貸出ビジネスだけではなく，生命保険や債券の窓口販売などを行う
ことで，時間・コストを賄うことができれば資源を効果的に活用していること
になります。また，一つの支店で多くの仕事を行うことで，管理費用などの共
通費用が圧縮できれば，範囲の経済性が働いているといえるでしょう（⇒コラ
ム(7)　相補効果，相乗効果）。

コラム(7)　相補効果（コンプリメント），相乗効果（シナジー）

　相補効果

　相互に補完し合う関係にある事業を行うことによって得られる効果のことで，
新たに取り組む事業分野と既存の事業分野の間で，相互に他の足らないところを
補う関係が構築され，全体としての事業活動がうまくいく場合にあてはまります。
直接的な相互作用はなくても，一つの資源についての制約条件あるいは必要条件
を二つの市場分野を合計することで満たす場合にも，相補効果は認められます。

　相乗効果

　二つ以上の要因が同時に働いて，個々の要因がもたらす以上の結果を生じるこ
とです。新規分野と既存分野を合わせて，それぞれの総和よりも大きな一種の結
合利益を生み出すことができるときにあてはまります。相乗効果が認められれば，
単一の企業が複数の事業活動を行うことによって，異なる企業が別個にそれらを
行う場合よりも大きな成果が得られることとなります。

　相乗効果に関しては，競争力のある情報的資源の活用が効果的です。物的資源
（モノ，カネ）はある製品のために使えば，それだけ他の分野で使える余地が少
なくなってしまいますが，情報的資源（見えざる資源：情報，ブランド，ネット
ワーク等）は一つの資源を「同時に」「多重利用」することができるからです。

152　第7章　今後，銀行がとるべき戦略は何か

> また，その資源を使っているうちに新しい情報価値が他の情報との結合で生まれ
> ることも期待できます。

　それでは，多角化を進めている事業分野について，その成否をどのように判
断したらよいのでしょうか。あるいは，新たに新規事業に取り組もうとした場
合には，どのように選択肢を探したらいいのでしょうか。その領域を抽出する
ために活用されるアプローチが「クロスSWOTアプローチ」と「アンゾフの
マトリクスアプローチ」です。

● クロスSWOT

　まず，クロスSWOTアプローチに基づき，銀行の多角化事例を考えてみます。
いろいろな状況があげられますが，ここでは一例として，①銀行の強みを「取
引先との強固な関係」とし，②弱みは「高コスト体質」，③機会は「情報技術
革新の成果の活用」，④脅威は「人手不足による人件費の高騰」とします。こ
のとき，「強みを活かして機会を獲得する」というアプローチでは，取引先と
の強固な関係を活かして，情報技術革新の成果を活用した新市場の商品を提供
することになります。お客さまと一緒に共同開発できることで，新しい技術を
商品化できる可能性が高まり，成功確率が上がることになるでしょう。

　また，「弱みを克服して脅威に打ち勝つ」ためには，少ない人数で業務がで
きるように仕事の仕方そのものを見直すことで，従業員数の削減，さらには店
舗の統廃合による不動産コスト・運営コストの削減にもつながることが期待で
きます。こうした施策を実現するために，新たな企業との提携やアウトソーシ
ングの活用などの具体的なアクションも見えやすくなります。このように，ク
ロスSWOTアプローチは多角化戦略に活用できるほか，既存事業の棚卸しを
行うことで，既存事業の問題点を明確化し，その解決策を見出すことが期待で
きるのです。

第3節　多角化戦略への期待　153

●アンゾフの成長マトリクス

　次に，アンゾフの成長マトリクスに基づき，銀行の多角化戦略の可能性を考えてみましょう。「新製品開発」は，運用商品のラインナップを拡張していくなど，次々に新しい商品を出していく事業がこの象限にあてはまります。「新市場開拓」は，日本の銀行の海外戦略などがあてはまるほか，ファミリー向けの金融商品で強みを持っている銀行が，単身世帯向けの商品開発を行う場合があります。また，貸出中心に事業を行っていた銀行が，店頭での債券販売や生命保険の勧誘を行うなどという取組みもその事例です。「狭義の多角化」では，日本では認められていないものの海外で急成長している金融商品に関し，海外で子会社を立ち上げ，ノウハウを身につけ，将来的に国内市場開発に活用しようとするような取組みなどの事例はこれまでにもありました（⇒コラム⑻　クロスSWOTとアンゾフの成長マトリクス）。

コラム⑻　クロスSWOTとアンゾフの成長マトリクス

　企業は，内部資源を踏まえて外部環境の中にあるビジネスチャンスの獲得あるいはリスクを最小化するための方法を探る必要があります。その分析枠組みとして「強み（Strength）・弱み（Weakness）・機会（Opportunity）・脅威（Threat）」の4つの切り口で要因分析する手法をSWOT分析といいます。SWOTの各要素は，事業の外部環境と内部資源に分けられます。外部環境は「政治動向，規制，経済・景気，社会動向，技術動向，業界環境の変化や顧客ニーズ」など外生的な要因のことです。これらの外部環境を分析して，自社にとっての事業機会と脅威を導き出します。内部資源は，自社の中にある経営資源でコントロールできる要素のことを指し，他社に対して強みとなる要素と他社に攻められる弱みとなる要素に分類します。

　SWOT分析に基づき，今後の戦略の方向性をクロスSWOTで検討することができます。事業機会を探るときには，「強みを活かして機会を獲得する」，「強みを活かして脅威に打ち勝つ」，「弱みを克服して機会を獲得する」，「弱みを克服して脅威に打ち勝つ」という4つの組合せから生ずる戦略の選択肢をピックアップすることとなります。

	Opportunity 機会	Threat 脅威
Strength 強み	強みを活かして 機会を獲得する	強みを活かして 脅威に打ち勝つ
Weakness 弱み	弱みを克服して 機会を獲得する	弱みを克服して 脅威に打ち勝つ

アンゾフの成長マトリクス

　企業が多角化を検討するときに，成長戦略オプションの選択を検討する手法としてアンゾフの成長マトリクスを利用することもできます。マトリクスを使い，縦軸に市場，横軸に製品を置き，既存と新規に分けることで，効果的に戦略オプションを整理して，実現可能な取組みを吟味することができるのです。アンゾフの成長マトリクスを使い，順序立てて進めることで，網羅的に検討することができるのです。

　第1象限の「市場浸透」では，既存商品・既存市場での成長を探ることを考えます。同じお客さまの購入頻度を高める，あるいは販売ボリュームを増やすためにどのような工夫が効果的なのかを考えることになります。第2象限の「新製品開発」は，既存市場に新商品を出すことで成長を探ることです。その市場でのお客さまとの間で出来上がっている信頼関係，あるいは取引を行うための事業基盤（調達先の確保，販売チャネルなど）が，すでに出来上がっているのであれば，その強みを最大限に活かせる，同じお客さまに満足していただけるように品揃えを広げていくこととなります。第3象限の「新市場開拓」は，逆に商品の強みを最大限に活かし，その商品をまだ認知していない新市場に出して成長していこうとするものです。この場合の"新市場"は「地理的に新しい市場」のことを指すだけでなく，「地理的には同じであっても対象とする顧客セグメントを広げた市場」も含みます。最後に，第4象限は「狭義の多角化」です。新市場に新商品を出していく考え方のことで，他の成長戦略に比べリスクの高い成長オプションになるでしょう。

製品軸 市場軸	既存製品	新規製品
既存市場	第1象限 （市場浸透）	第2象限 （新製品開発）
新規市場	第3象限 （新市場開拓）	第4象限 （狭義の）多角化

●オーバーエクステンション

　企業がどのような事業領域を多角化のターゲットにするか考える場合に，ヒト・モノ・カネなどの物理的資源に関しては事前に確保している必要がありますが，情報的資源に関しては，企業活動を通じて時間とともに成果が表れる効果を期待する場合もあります。現在の戦略から生み出される物理的資源から期待される合成効果（相補効果，相乗効果）のほか，見えざる資産（情報的資源）について将来の戦略のために使うことを意識して，「時間を考慮したダイナミック・アプローチ，創発的プロセス効果」も追求することもあるのです。

　特に，これから銀行が取り組まなくてはいけない事業領域では，「新規事業分野での日常の業務活動の結果として副産物的に蓄積」されるようなノウハウなどの情報的資源は，カネを出しても買えないことが多く，獲得するのに時間がかかるため，競争相手が模倣しにくく持続的に有効な競争上の優位を獲得する有力な武器となる可能性があります。

　手持ちの資源を超えて，時間を活用した事業の多角化を進めるような良いサイクルに乗る（ダイナミック・シナジーを獲得する）ために，時には「多少，無理な戦略」だとわかっていても，強気の戦略を選ぶ必要もあるでしょう。こうした戦略をオーバーエクステンションといいます[50]。競争を繰り広げる中で，ライバルやお客さまとの関係の中から情報的資源は蓄積され，参入当初は競争劣位にあっても競争均衡から競争優位へとキャッチアップできる可能性もあるでしょう。さらに，成長過程で蓄積された情報資源を効果的に活用することができれば，次なるオーバーエクステンションを選択しさらなる情報的資源の蓄積を誘発することができるかもしれません。

　現在の銀行産業が新たな事業領域として取り組まなくてはいけないAIやIoTなどの情報技術の取込みは，スタート時点で戦略と資源（人的資源）のアンバランスがある可能性は高いでしょう。しかし，そのアンバランスは時間とともに解消され，さらに大きな発展を遂げることになるかもしれません。今の銀行は，これまでに見てきた「イノベーションのジレンマ」や「代替品の脅威」などに直面しています。従来の発想を超えていくことが必要なのです。新たな時

代の勝者になるためには，銀行にありがちな，環境分析を繰り返し，慎重に「石橋を叩いて渡る」という発想でよいということではないでしょう。今，銀行にいる若手銀行員にとっては，大きなチャンスがあるはずです。少し背伸びした発想で新たな事業領域へのチャレンジに向けて取り組んでみましょう。

終　章

今，銀行に求められること

158　終章　今，銀行に求められること

　本書ではこれまで，銀行が直面している問題とそれに対処するために，銀行員一人ひとりは何を考えるべきかを書いてきました。最後に，今，銀行に求められていること，ひいては銀行員一人ひとりに何が求められているのかということについて，私たちが考えていることを書いていきます。特に日本経済のためには，地方経済を活性化するために銀行が何をできるのかということを考える必要があるでしょう。

●銀行業務を新たな発想で見直そう

　まず，今の銀行に求められているのは，まったく新しい発想です。既存の事業に対する金融支援だけでなく，新たな事業機会を取り込めるように，一緒になってアイデアを出してくれるパートナーとなることを求められています。間接金融の役割として，預金者のおカネを産業の活性化に活かすように融通するというだけでなく，おカネを出しつつ事業そのものにも関与するために，場合によっては，リスクマネーを供給し資本参加するような取組みも求められるでしょう。

●「三方よし」の精神で長期的に取り組もう

　銀行経営は短期的な視点ではなく中長期的な視点で経営を行うことが重要です。短期的な収益を追い求めるような経営を律するために，欧米的なコーポレート・ガバナンス制度を整備するだけではなく，中長期的な視点で日本的経営の中にあった「三方よし」の精神をもう一度見直すことが大事です。それは，目に見える資産だけでなく，目に見えないブランド・信頼などの無形資産も合わせて，次世代につなぐという意識を持って経営するということです。短期的な収益を追い求めるのではなく，「三方よし」の精神を持たなくてはいけません。地方銀行の職員であれば，まず地元経済の成長を考え，その後に自らの利益を考える意識（先義後利）を持ち，長期的な視点で銀行の仕事に取り組む必要があるのです。目の前の小事にとらわれることなく大局に立って，自社の利益だけでなく地域への貢献を意識する必要があるでしょう。この経営意識を銀

行員一人ひとりが持って，取引先・お客さまに接することが重要です（⇒コラム⑼　近江商人・三方よし）。

● 地域に根差した発想で考えよう

　現在の日本が直面する社会問題として，少子高齢化の進行による経済停滞のリスクが高まっていることがあげられます。都市銀行も地方銀行も同じ問題に直面していますが，当然，都市部よりも地方のほうが深刻です。地方経済は，より一層過疎化が進み，市場縮小の影響を大きく受けるからです。地方銀行の立場では，市場が縮小するという困難な状況に直面しながら，経済活性化にどう貢献するかを考えなくてはいけません。地域経済・地元企業との関係性が深い地方銀行には，町おこしなどの取組みや地元企業の支援などにおいて重要な役割を果たすことが期待されています。経済を中長期的に活性化させていくために，銀行に対する期待は大きいでしょう。銀行の職員一人ひとりが，自分の取引先・お客さまの実態に即した対応が必要です。地方銀行では，地域産業の活性化に向けて，従来の金融発想にとらわれず，中長期的な視点で取り組むことが求められています。金融庁が示しているリレーションシップバンキングに対するアクションプログラムにおいても，「事業再生をはじめとした取引先企業の支援強化」，「事業価値を見極める融資手法をはじめ中小企業に適した資金供給手法の徹底」，「地域の情報集積を活用した持続可能な地域経済への貢献」をあげ，積極的に取り組むことが求められています[51]。

● お客さま目線で考えよう

　銀行に期待されている役割を，お客さま目線で考えてみましょう。企業は銀行に何を期待しているのでしょうか。今，地方経済では少子高齢化が進み，中長期的な停滞から都市部との格差は拡大しています。こうした中，新しい経済成長の可能性を持ち込み，元気のない地方経済に対して雇用機会を増やす取組みが必要です。新たな事業機会の開拓が検討される中で，地方銀行にもそのサポートが求められています。それぞれの地域で試みられている取組みは，従来

の工場誘致のようなものではなく，地方発の新たな事業機会の構築です。外部環境が厳しい中ではありますが，既存の枠組みにとらわれない自由な発想が必要です。経営戦略のセオリーの一つは，その企業の中にある内部資源の強みを活かすことです。地域活性化という観点でいえば，地域特有の内部資源を活かし，リスクを恐れずにことに当たっていかなくてはいけません。また，他者と同じことをやっていては競争の激しいレッド・オーシャンでの競争に巻き込まれてしまい，ブルー・オーシャンには辿り着けません。他地域を横目で見ながら，横並び意識で考えるものではなく，地域の実情を活かして農業分野の活性化や六次産業化のためのアプローチなどをはじめとした地域特性を活用していかなくてはいけないでしょう。地方銀行は，こうした枠組みを超えた活動に対し，柔軟な発想に基づきサポートしていくことが求められています。

● ファミリービジネスに着眼しよう

　また，地域企業において進む世代交代の動きにも着目しなくてはいけません。高度経済成長期に創業した企業も，すでに社歴50年を経て，第一世代から第二世代へと世代交代が進んでいます。日本企業は，中小企業が多いということに加えて，ファミリービジネスが多いという特徴があります。ファミリービジネスとは，創業者一族が多くの株式を持っている企業だけでなく，重要な経営の意思決定に関与している企業のことを指します。「オーナー企業」「同族会社」「同族経営」などとも呼ばれています。日本では，ファミリービジネスは全体の企業数の9割以上を占めています。ファミリービジネスにおいては，事業承継の際に大いなる事業リスクに直面することとなります。地方では，100年を超える老舗のファミリービジネスが多く，地域経済を支える存在となっています。こうした地域の中核企業の世代交代がスムーズに行われない場合には，地方経済に大きな影響を与えてしまうかもしれません。地域を代表する企業の世代交代に当たっては，地方経済を守るためにも，地方銀行は有力企業の事業承継を見守り，円滑に行われるようにサポートする必要があるでしょう。

　こうした地域貢献を意識した新たな事業への取組みや，中核企業の事業承継

サポートを行うとき，従来の銀行が持っていたリスクに対して回避的な発想に基づいていては，十分なサポートができません。これまでの枠組みを超えて，長期的な視点での地方経済，あるいは地元企業の育成，成長に取り組む意識を銀行の経営者だけでなく，銀行員一人ひとりが持たなくてはいけません。このときに参考になる考え方が，先にも示した近江商人の「三方よし」の理念です。もちろん，取引先との間で，リレーションを強化することは，地方銀行に限らずどの銀行においても同様に求められることです。地方銀行において，特に都市銀行とは違うかたちで，地方経済に対する関係強化を果たすために求められることは何でしょうか。地方銀行の地域の企業に対する貢献をどのように行うのかという問題に直面した時に，企業との信頼構築における社会貢献の意識が重要です。地方銀行が地元貢献を行うにあたり，「三方よし」の精神で中長期的な視点からの経営視点が持つことが大事なのです。

コラム⑼ 近江商人・三方よし

　近江商人は，現在の滋賀県の琵琶湖周辺出身の商人で，江戸時代に遠く離れた地域の産物を仕入れ，江戸・京都までをつなぐ遠隔地行商を主な業務としていました。近江商人の持つ経営理念は独特なものですが，現代にもつながる含蓄のあるものが多くあります。なかでも「三方よし」とは，経営にあたり「売手よし，買手よし，世間よし」の三方が全て丸く収まった状況となっていることを示しているもので，近江商人の考えを代表する理念の一つといわれています。欧米型の企業経営，ガバナンスに基づくモノではなく，そのような枠組みを超えた長期的な視点での企業成長に取り組む意識において必要とされるものといえます。この中で「売手よし」「買手よし」は，自社の利益だけではなくお客さまの満足も含めて事業を行うという意味で，現代の企業経営においても通常いわれることです。近江商人の家訓が特徴的なのは，この2つに「世間よし」の精神が加わって「三方よし」となっている点にあります。「世間よし」とは，地域に貢献し受け入れてもらうことです。近江商人は，地元である近江から遠く離れた北海道・東北・関東などに支店を作り，その地域で産業が成長するように資金提供（貸出）するとともに，そこの事業で得た利益の中から橋を作ったり，学校を建てたり，寺社を再建したりしています。これは，今でいうCSR的活動とともに，地域経済への貢献・活性化の効果もありました[52]。今でいうソーシャルマーケティングの視点という言い方もできるでしょう[53]。

162　終章　今，銀行に求められること

　　近江商人は本拠地から離れた場所で商売を行う行商を主体としたため，行った
　先々の地域での存在感を出すために，地域貢献活動を行う「世間よし」という理
　念が生まれてきたといわれています。短期的な視点ではなく中長期的な視点で経
　営を行うことが重要であり，目に見える資産だけでなく，目に見えないブラン
　ド・信頼などの無形資産も合わせて，次世代につなぐという意識を持って経営し
　ている。この直接のビジネス以外のところにまで気を配り，地域貢献を考えると
　いう考えは，現代の銀行のみならず多くの日本企業にも同様の発想が必要でしょ
　う。

●広く社会に貢献する存在としての意識を持とう

　銀行は自社の利益だけでなく公的役割を期待されている企業体です。現在の
経営環境の中で事業を行うだけでなく，次世代までつながるような意識で経済
に貢献する意識が必要です。地方銀行では，新たな事業を興し，地方経済を活
性化させることが期待されています。まさに江戸時代の幕藩体制の中で，各地
の大名が自らの裁量で商品作物を育て，あるいは名産品を生み出したときと同
じです。次世代に美田を残すために，長期的な視点に立ち，地域経済の活性化
に取り組まなくてはいけないでしょう。

　また，銀行は接客サービス産業ということも忘れてはいけません。日本の地
方経済の中にある閉鎖的な「ムラ」社会の中では，信用を築き上げるには長い
時間が必要ですが，失うのは一瞬です。特に地域に根差して仕事を行う地方銀
行においては，一旦悪評が立つとその影響は長く続きます。企業経営が独善的
にならないように社外取締役制度の活用を義務付けるような仕組みも効果的に
利用する必要があるでしょう。

●銀行員一人ひとりが主役となって銀行の仕事に取り組もう

　取引先・お客さまに信頼してもらうには，銀行員一人ひとりの意識改革が必
要です。銀行員一人ひとりがお客さまに認められるようにならなくてはいけま
せん。銀行員の能力開発に向けて，人事制度の活用もさることながら，銀行員
一人ひとりが自信を持って仕事に取り組むことができれば，笑顔も自然にこぼ

れ，取引先も満足してくれるようになるはずです。人生100年時代に備えて，銀行員一人ひとりが生涯学習に取り組まねばならないでしょう。このような職場づくりができれば，取引先・お客さまから信頼される銀行となっていくでしょう。地域貢献は長い期間をかけて行われる必要があります。中長期的な視点で地域貢献を考えた経営を行うとき，受け継ぐ次世代も同じ理念に基づいて，その経営を引き継げなければ，地域貢献は十分に行えません。銀行は短期的なビジネスではなく，長く続くビジネスです。一人ひとりが銀行経営者の意識をもって，人づくりの重要性という観点から，理念を引き継ぐ人材を育てることも必要になっています。変革の時代にある銀行産業だからこそ，新たな知識を身につけつつ，次なる世代に産業をつないでいく意識を持った仕事が必要とされているのではないでしょうか。

巻末注

1 日本の金融機関は，中央銀行（日本銀行），民間金融機関，公的金融機関に大別される。民間金融機関にはまず，預金を取り扱う普通銀行（都市銀行，地方銀行，第二地方銀行），長期金融機関（信託銀行），中小企業金融専門機関（信用金庫，信用組合，労働金庫，商工組合中央金庫），農林漁業金融機関がある。次に，預金を取り扱わない金融機関として生命・損害保険会社，ノンバンク，証券会社，短資会社がある。公的金融機関には，公共的な目標達成を目的とする特別銀行（日本政策投資銀行など），公庫・公団，基金・事業団などがある。なお，郵便局は長らく公的金融機関として利用されてきたが，2007年10月に民営化され，ゆうちょ銀行として営業を継続している（金融広報中央委員会より）。

2 一般社団法人全国銀行協会ホームページ「教えて！ くらしと銀行 銀行とは？ 経済活動と銀行の役割」https://www.zenginkyo.or.jp/article/tag-h/3803/

3 みずほフィナンシャルグループホームページ「〈みずほ〉について ＞ 企業理念・ブランド ＞ 企業理念」https://www.mizuho-fg.co.jp/company/policy/ci/index.html

4 三菱UFJフィナンシャル・グループホームページ「MUFGについて ＞ 経営ビジョン・CIなど」https://www.mufg.jp/profile/philosophy/

5 百五銀行企業ホームページ「百五銀行について コーポレートステートメント」https://www.hyakugo.co.jp/about/statement/

6 静岡銀行ホームページ「静岡銀行について 企業理念」https://www.shizuokabank.co.jp/companyinfo/philosophy.html

7 地方の金融機関の呼称を日本銀行，金融庁などは地域銀行としているが，本書では地方銀行として統一する。

8 コンコルディア・フィナンシャルグループホームページ「会社情報 経営理念」http://www.concordia-fg.jp/company/idea/index.html

9 横浜銀行ホームページ「横浜銀行について ＞ 会社情報 ＞ 企業理念」http://www.boy.co.jp/boy/company/rinen.html

10 東日本銀行ホームページ「東日本銀行について ＞ 会社情報 ＞ 企業理念・行是・経営方針」https://www.higashi-nipponbank.co.jp/about/company/idea.html

11 三井住友信託銀行ホームページ「三井住友トラスト・グループについて ＞ 経営理念」https://www.smth.jp/about_us/philosophy/index.html

12 セブン銀行ホームページ「セブン銀行 経営理念」https://www.sevenbank.co.jp/corp/company/philosophy.html

13 明治安田生命ホームページ「明治安田フィロソフィー」https://www.meijiyasuda.co.jp/profile/corporate_info/vision/index.html

14 日本政策投資銀行「企業理念」https://www.dbj.jp/co/info/philosophy.html

15 企業が外部環境に対し，組織が自ら選び出した相互作用の対象となる環境部分のことを企業ドメインという。企業ドメインとは，現在の活動領域や製品・事業分野を示すだけでなく，企業としてのあるべき姿や経営理念なども包含して定められるものである。

16 セオドア・レビットは，1960年刊行のハーバード・ビジネス・レビューに掲載された論

文の中で，「産業や製品，あるいは技術ノウハウについて狭く定義してしまったがために，それらを十分花咲かせないままに衰退させてしまう」ことがあると書いている。「成長が脅かされたり，鈍ったり，止まってしまったりする原因は，市場の飽和にあるのではない。経営に失敗したからです。失敗の原因は経営者にある」と指摘し，近視眼的な経営の誤り，正しく企業ドメインを設定しないことの問題点を指摘した。

17　ピーター・F・ドラッカー（著），上田惇生（編訳）（2001）『マネジメント【エッセンシャル版】』ダイヤモンド社，p.15

18　日本銀行調査統計局，2018年8月14日調べ

19　金融商品取引法「金融・資本市場をとりまく環境の変化に対応し，利用者保護ルールの徹底と利用者利便の向上，「貯蓄から投資」に向けての市場機能の確保及び金融・資本市場の国際化への対応を図ることを目指し，平成18年6月7日，第164回国会において，「証券取引法等の一部を改正する法律」（平成18年法律第65号）及び「証券取引法等の一部を改正する法律の施行に伴う関係法律の整備等に関する法律」（同第66号）が可決・成立し，平成18年6月14日に公布されました。」（金融庁）https://www.fsa.go.jp/policy/kinyusyohin/index.html

　　金融商品販売法「金融商品販売法（平成13年施行，同18年改正）は，幅広い金融商品の販売に関して損害賠償請求ができるとした法律です。金融商品取引法と金融商品販売法は，いわば車の両輪です。」（金融広報中央委員会）https://www.shiruporuto.jp/public/data/magazine/torihiki/torihiki005.html

20　銀行の業務範囲について本体業務を銀行法10条1項で定め，付随業務を2項で定めている。本体業務は，「預金又は定期積金等の受入れ，資金の貸付け又は手形の割引，為替取引」の3つが定められている。付随業務は，基本的な付随業務（債務の保証，有価証券の貸付け，両替等）を例示している（銀行法第10条第2項各号）ほか，「その他の銀行業に付随する業務」（銀行法第10条第2項本文）も銀行が行うことができることとすることにより，付随業務の範囲に弾力性をもたせ，新しい種類の付随業務に対する法律上の受け皿としている（金融庁「銀行の業務範囲規制のあり方について」平成19年11月19日）。

21　ストラクチャードファイナンス部門の流動化以外の業務内容について説明する。

①　プロジェクト・ファイナンス：企業が取り組む特定事業に対する融資のことで，その事業から生み出されるキャッシュ・フローを返済の原資とし，債権保全のための担保も対象事業の資産に限定する手法である。事業に対して貸し出すので，企業の信用状況から切り離して取引条件が決められることになる。

②　LBO（Leveraged Buyout）：買収先企業の資産又は将来のキャッシュ・フローを担保に，金融機関等から資金調達をして行う企業買収のことをいう。「テコ（leverage）の原理」のように，自己資金が少なくても，大きな資本の企業を買収できることが特徴である。また，買収が成立した後には，調達された資金は買収された企業の負債として返済されることになる。

③　DIP（Debtor in Possession）ファイナンス：民事再生法に基づく再生手続又は更生手続の申立てをした企業に対する，手続申立て後手続終結までの間に行う融資のことである。再生会社等の事業から生まれるキャッシュ・フローにより返済を受けることを前提とす

るファイナンス手法で，再生手続中に，旧経営陣が残り再建にあたる場合の運転資金融資である。

22　コーポレート・ガバナンス（Corporate Governance）は，「企業統治」と訳され，株主に代わって企業を監視する仕組みである。その背景には，「会社は経営者のものではなく，資本を投下している株主のもの」という考えがある。この立場では，会社の経営者は，自己の利益を追求するのではなく，株主の負託に応えて，企業価値の向上に努め，株主に利益の還元をすることを目的とすべきと考える。最近の企業経営のルールとして，委員会設置会社への変更，取締役と執行役の分離，社外取締役の設置，社内ルールの明確化などが行われている。コーポレート・ガバナンスがうまくいくことで，会社は規律ある経営が行われ，経営監視がうまくいっていることになる。東京証券取引所としては，2018年6月に改正版コーポレートガバナンス・コードを定め，企業が守るべき仕組みを示している。

23　企業集団とは，いくつかの企業の集合体のことを指し，日本には総合商社あるいは主要銀行を中心に，三菱，三井，住友，富士（安田），三和，第一勧銀などの六大企業集団があったが，銀行業界の再編を経て，企業集団と銀行の関係が崩れることとなり，新たな企業集団の枠を超えた業界再編が広く行われるようになっている。これまで，企業集団内では，定期的な会合を持ち，集団内企業は独立性を保ちつつ相互に連携し，集団外企業に対抗して成長しようとした。銀行と総合商社を軸にして株式持ち合いを進め，結束は強化されていた。また，集団内の企業の採算が悪化したときには，集団としての救済策を検討することが多かった。

24　護送船団方式は，1990年代の金融ビッグバンまでに取られていた日本における金融機関の保護政策のことである。弱小金融機関に対して足並みを揃えるように指導し，過度の競争を避けて，金融機関全体の存続と利益を実質的に保証するように調整されていた。また，銀行は預金業務ができるが，株式の販売はできないようにし，その一方で，証券会社は株式の販売はできるが，預金業務はできないというように業際の垣根を作ることで激しい競争が起こらないように調整されていた。弱い金融機関がつぶれないように取られた政策が，船団を護衛するときに最も速力の遅い船に合わせて航行することに似ていることから護送船団方式と呼ばれるようになった。不良債権の処理によって破たん懸念が高まる金融機関に救済合併を行ったり，関係金融機関に資金拠出を出させたりする政策（奉加帳方式）が取られていたが，1990年代後半の金融改革が始まり，護送船団方式での行政は薄らいでいった。

25　リンダ・グラットン／アンドリュー・スコット（著），池村千秋（訳）『LIFE SHIFT（ライフ・シフト）』東洋経済新報社，2016/10/21（Lynda Gratton, Andrew Scott "The 100-Year Life" Bloomsbury Information Ltd（2016/6/2））

26　M・E・ポーター（著），土岐坤・中辻萬治・服部照夫（訳）『競争の戦略（新訂版）』（1995）ダイヤモンド社

27　収益ポテンシャルが高い状態とは，何か事業で仕掛けたときに，今よりも儲かる可能性がある状態にあることを指す。

28　分析の対象とする業界は，金融業界ではなく銀行業界とするが，この銀行業界には，いわゆる銀行のほか，信託銀行，信用金庫，信用組合を含み，証券会社，生命保険会社など

168　巻末注

は含まない。

29　ナローバンクとは，通常の銀行が預貸業務をはじめとして金融サービスをすべて行う（フルバンキング）のに対し，決済業務に特化し手数料収入により収益を確保する。資金運用は国債など安全資産に限定する。日本ではセブン銀行などの事例があてはまる。

30　売り手と買い手の間で，双方が協働し，"Win-Win"の関係を追求する状態を，協調（Co-operation）と競争（Competition）が組み合わされた状況【コーペティション（Co-opetition）】として説明する理論もある。

31　銀行と借り手の取引条件には，金利水準だけでなく借入期間，返済条件，担保提供割合などが含まれる。

32　そのほかの見方として，余剰資金の効果的な運用を依頼すると考えると，銀行の資金運用サービスを買う「預金者（家計）」が買い手となるが，ここでは借り手＝買い手として説明する。

33　スイッチングコストとは，資金調達をする企業が借入を申し込む銀行をこれまで利用していた銀行から別の銀行に変更するとき，借入人に一時的に発生するコストのことを指す。契約行為を行うためのコスト（探索コスト，契約締結のための交渉費用など）が発生するほか，新たな取引銀行との間で，既存取引行と同様の信頼関係を構築するためのコストが発生すると考えられる。

34　規模の経済性とは，ある一定の期間内の生産量が大きくなるほど，製品1個当たりのコストが下がる効果であり，生産だけでなく，研究開発，販売などにも同様の効果があると考えられる。初期投資（固定費用）の大きな産業は，追加的な費用（変動費用）が増えるほど，単位当たり費用は減少し，競合他社よりも低コストでモノを生産できるようになり，「コスト競争力」が強くなる。

35　経験効果については，設備集約性の高い産業では機械を活用するテクニックの修得とともにコストが低下することが期待される。労働集約性の高い産業では，知的資産創造の成果が期待される（SECIモデル）。経験効果は，従業員の努力の成果として，業務処理のコツを覚え，独自に労働量を下げる努力の効果といえるであろう。

36　ロイヤルティ（loyalty）は「忠誠心」の意味で，ブランド・ロイヤルティとは，特定ブランドに対する消費者の忠誠心のことである。ロイヤルティが高いと，価格が変動しても継続してそのブランドを購買するようになる（価格弾性値が低い状態）。

37　本節に係る記載は，『NEC「AIがもたらす金融サービスの変革」』を参考にして作成している。https://jpn.nec.com/techrep/journal/g16/n02/160204.html

38　野村総合研究所「日本の労働人口の49％が人工知能やロボット等で代替可能に～601種の職業ごとに，コンピューター技術による代替確率を試算～」Carl Benedikt Frey and Michael A. Osborne "The Future of Employment: How susceptible are jobs to computerisation" （2013）https://www.nri.com/jp/news/2015/151202_1.aspx

39　総務省「情報通信白書」平成28年版「第4章 ICTの進化と未来の仕事　第3節 人工知能（AI）の進化が雇用等に与える影響」http://www.soumu.go.jp/johotsusintokei/whitepaper/ja/h28/pdf/n4300000.pdf

40　本節のRPAに係る記載は，『MUFG Innovation Hub「三菱東京UFJ銀行が可能性を拡げる，

金融機関でのRPA導入による業務効率化』』を参考にして作成している。https://innovation. mufg.jp/detail/id=192

41 株式会社三菱UFJフィナンシャル・グループ「2017年度中間決算説明会資料」より（2017年11月21日）https://www.mufg.jp/ir/presentation/backnumber/pdf/slides1709.pdf

42 三井住友フィナンシャルグループIR資料（2017年11月13日）「生産性向上の実現に向けたRPA（Robotic Process Automation）の活用について」より。http://www.smbc.co.jp/news/pdf/j20171113_01.pdf

43 本節のブロックチェーンに係る記載は、『日立ホームページ「日立の考える金融デジタルソリューション，ブロックチェーン」を参考にして作成している。http://www.hitachi.co.jp/products/it/finance/innovation/blockchain/

44 三井グループ各社（三井住友フィナンシャルグループ，三井住友銀行，日本総合研究所，三井物産，商船三井，三井住友海上火災保険）及び日本アイ・ビー・エムが共同して，貿易実務の高度化におけるブロックチェーン技術の適用可能性に関する実証実験を2017年12月より開始することで合意した。実証実験では，貿易関連の書類の電子化や迅速かつ安全な交換など，業務プロセスへの適用可能性と影響を検証するとしている。http://www.smbc.co.jp/news/pdf/j20171212_01.pdf

45 「イノベーションのジレンマ」とは，イノベーションによって競争優位を確保した既存企業ほど，ライバル企業の水平的差別化（破壊的イノベーション）に対応できずに競争劣位となっていく現象である。Clayton M. Christensenが，『イノベーションのジレンマ－技術革新が巨大企業を滅ぼすとき（The Innovator's Dilemma: When New Technologies Cause Great Firms to Fail（1997），Harvard Business Review Press』の中で提唱した。

46 本源的価値（製品／サービス自体の機能）とは，製品そのものの品質，デザイン等による違いのことを指し，補助的サービスは，アフターサービス，購入の便利さ等のことである。それに加えて，その他の見えない価値として，信用，ブランドなどの情報的資源も差別化の重要な要素であり，企業はこの３つの要素の組合せを工夫して，他社との違いをアピールすることとなる。

47 企業間の競争戦略における差別化は，顧客価値と競争優位に基づき２種類に分類できる。製品における一定の属性間の組合せで，各属性のレベルを他社よりも向上させる垂直的差別化（品質による差別化）と製品に含まれる属性間の組合せないしはその比率を他社と異なる状態にする水平的差別化である。ブルー・オーシャン戦略では，同じ競争次元で血まみれの競争を行っている「レッド・オーシャン」から逃れ，競争のない世界「ブルー・オーシャン」にたどり着くことができれば，収益性を高めることができるという経営戦略論である。具体的には，企業活動に対する観点を大きく変えた水平的差別化による新しい価値提供を考える戦略といえる。

48 池上重輔「保険業界におけるブルー・オーシャン戦略の検証－ソニー生命とライフネット社の事例から－」早稲田大学WBS 研究センター 早稲田国際経営研究 No.42（2011）pp.87-98

49 W・チャン・キム／レネ・モボルニュ（著），入山章栄（監訳），有賀裕子（訳）『[新版]ブルー・オーシャン戦略－競争のない世界を創造する』（2015）ダイヤモンド社，pp.8-9

50 オーバーエクステンションとは，企業が自社の資源水準よりもはるかに高い事業の拡張や無理だと思われる投資をすることを指し，短期的に見ると不均衡をもたらすが，その不均衡が学習を促進させ，企業内の中核的な資源を形成させることができると考える。この考え方については，伊丹敬之が『経営戦略の論理』において示したものである。「自社の見えざる資産を部分的にオーバーする事業活動をあえて行うというこの戦略をオーバーエクステンション戦略と名づける。企業の戦略は，見えざる資産を少々オーバーするような戦略をとる必要がしばしばある。苦しい競争をあえて自分に強いるような戦略をとることが，長期的には最適であることが多い。まったくの無茶ではなく，ある分野で十分に競争できるだけの見えざる資産を"当面は部分的に"欠いていることを承知のうえで，競争に自らをさらして事業活動を行うことを意味する」。

51 「リレーションシップバンキングの機能強化に関するアクションプログラム」（平成15年3月28日）金融庁　https://www.fsa.go.jp/news/newsj/14/ginkou/f-20030328-2/01.pdf

52 CSR（Corporate Social Responsibility）とは，企業が事業活動を行うだけでなく，人権やコンプライアンスの遵守，環境問題への配慮，地域社会との共存・貢献といった社会的責任を果たすべきという考え方のことである。

53 ソーシャルマーケティングとは，①マーケティング活動を企業以外の組織体にも積極的に導入し，消費者の生活環境の改善を目指す動き，②消費者を生活者や市民として捉え直し，社会的利益の観点から，顧客と企業の調和を目指そうとするもの。

付表：戦後の銀行関連年表

西暦	銀行・金融関連	政治・経済・その他
1945		第二次世界大戦終戦 財閥解体，農地改革，労働改革
1946		傾斜生産方式閣議決定
1947	証券取引法の公布	
1948		経済安定9原則（インフレ収束）
1949	証券取引所再開	単一為替レート決定（1ドル＝360円）
1950	日本勧業，日本興業，北海道拓殖銀行が普通銀行転換	朝鮮戦争勃発，特需拡大
1951	日本輸出入銀行，日本開発銀行開業	
1952	長期信用銀行法公布	サンフランシスコ平和条約発効
1953		トヨタ，トヨペットスーパーを発表
1954	外国為替銀行法の公布	松下電器，テレビ，洗濯機，冷蔵庫の三種の神器のキャンペーン開始
1955	公定歩合体系の正常化（通貨政策復活）	ソニー，国際トランジスタラジオ1号を生産 スーパーダイエーオープン 高度経済成長始まる（～1973）
1956	公社債市場の開設	経済白書「もはや戦後ではない」と謳う 神武景気（～1957）
1958	自主規制金利方式導入	イトーヨーカドーオープン 日清食品，チキンラーメン発売 東京タワー完成
1959	外国為替取引の一部自由化	日産ブルーバード発売
1962	金融引き締め解除，景気回復進む	コカ・コーラ日本進出
1963		黒部第4発電所完成
1964		東海道新幹線開通 東京オリンピック開催 OECD加盟
1965	三井銀行「普通預金オンラインシステム」稼働 四十年不況（証券不況）	
1966	山一證券等に日銀特別融資 戦後初の赤字国債発行	3C時代に（カラーテレビ，クーラー，カー） 日産サニー，トヨタカローラ発売
1968		大塚食品，ボンカレー発売 日本のGNP，ドイツを抜き世界第2位

1969		東名高速道路全面開通 アポロ11号，月面着陸
1970	ソニー，ニューヨーク証券取引所上場 以後，松下電器，久保田鉄工，本田技研 などの日本企業の上場が続く	新日本製鉄誕生（世界一の鉄鋼会社） 大阪万博
1971	手形市場創設 預金保険機構の発足 1ドル＝308円へ	列島改造景気 マクドナルド，銀座三越に1号店 日清食品，カップヌードル発売
1972	外貨集中制度の廃止 日銀，手形オペを開始	ダイエー小売業売上高トップに 田中内閣成立
1973	円変動相場制へ移行 公定歩合，戦後最高の9.0％へ	第一次オイルショック 狂乱物価
1974	日銀，金融引き締めで窓口規制を強化	セブン・イレブン1号店開業
1976	大蔵省，現先取引の公認通達	ヤマト運輸，「宅急便」を開始
1977	大蔵省，国債の売却制限を緩和	
1978		新東京国際空港（成田）開業 第二次オイルショック 平均寿命世界一に
1979	譲渡性預金（CD）導入	
1980	外為法改正（為替管理の原則自由化）	
1983	銀行は週休2日制へ	任天堂，スーパーファミコン発売
1984	日経平均株価1万円突破 先物為替取引における実需原則撤廃 居住者によるユーロ円債の発行容認	米，包括関税通商法の成立（日米貿易摩擦激化）
1985	大口定期預金（10億円以上）の金利自由化	NTT，JT発足 G5，プラザ合意（政策協調ドル高是正）
1986	前川レポートを発表 円高不況対策を発表	バブル景気（1986～91） 英，金融ビッグバン実施
1987	大口定期預金（1億円以上）金利自由化	国鉄，JRに分割民営化 ブラックマンデー（世界的株価暴落）
1988		リクルート事件 BIS，自己資本比率の国際統一基準決定
1989	日経平均株価が史上最高値（38,915円）	消費税導入（3％）
1990	公定歩合6.0％に引上げ 大蔵省が不動産融資総量規制へ （バブル崩壊へ）	東西ドイツ統一

年	銀行関連	一般
1991	金融証券スキャンダル（イトマン事件，尾上縫事件） 損失補てんで証券4社営業停止処分へ	ソ連崩壊
1992	証券取引等監視委員会の発足	
1993	金融制度改革法の施行	細川内閣発足，55年体制崩壊 EUが発足（マーストリヒト条約）
1994	預金金利の完全自由化完了	
1995	公定歩合0.5%，歴史的低水準へ 住専の不良債権処理，公的資金の投入を決定	阪神・淡路大震災 オウム真理教事件 1ドル＝79.75円（最高値）
1996	三菱銀行と東京銀行が合併 住宅金融債権管理機構が発足	
1997	三洋証券，北海道拓殖銀行，山一證券破たん	消費税5％に引上げ アジア通貨危機
1998	大手銀行に公的資金注入 改正外為法が施行（日本版金融ビッグバンへ） 金融再生関連法成立 日本長期信用銀行，日本債券信用銀行破たん（一時国有化）	大蔵省・日銀幹部を収賄で逮捕 金融監督庁設置（金融に関する検査・監督を所管）
1999	整理回収機構発足 日銀がゼロ金利政策導入 大手銀行等，金融再編の動き本格化	
2000	金融商品の販売等に関する法律（金融商品販売法）制定	そごう，千代田生命，ライフ（信販）など破たん
2001	三井住友銀行発足 セブン銀行開業 金融監督庁が金融庁に改組	米，NY株式が急落（ITバブル崩壊へ） 米，同時多発テロが発生，世界同時株安 中国がWTOに加盟 電子マネー（Edy，Suica）の発行開始
2002	みずほ銀行，みずほコーポレート銀行発足 大和銀行，あさひ銀行の合併発表 金融庁「金融再生プログラム」発表	
2004	銀行に証券仲介業務を解禁	
2005	三菱UFJフィナンシャルグループ発足 大手行，不良債権比率の半減目標達成	ペイオフ解禁
2006	大手行，公的資金完済 あおぞら銀行が普通銀行に転換	

174　付表：戦後の銀行関連年表

2007	郵政民営化（ゆうちょ銀行，かんぽ生命発足）	サブプライムショックの発生
2008	政府系4金融機関が統合し，日本政策金融公庫が発足	リーマン・ショック 金融経済恐慌発生
2009	日経平均がバブル後最安値（7,054円）	米，クライスラー，GMが破たん ギリシャの財政悪化が判明 ビットコイン運用開始
2010	改正貸金業法の完全施行	中国，人民元相場の弾力化を実施
2011	日本国債格下げ 円相場，対ドル史上最高値（75円32銭） 三井住友信託銀行発足	東日本大震災発生 米，IBMのWatsonが人気クイズ番組でクイズ王に勝利（AIに注目が集まる）
2012	日銀，事実上のインフレ目標を導入	ギリシャ，事実上の債務不履行
2013	日銀，インフレ目標導入（消費者物価前年比+2％）	鉄道系電子マネーの全国相互乗入開始
2014	日本版ISA（NISA）がスタート	消費税を増税（5％→8％）
2015		日本郵政，ゆうちょ銀行，かんぽ生命の3社が東証に上場
2016	日銀，「マイナス金利付き量的・質的金融緩和」の導入	

（出所）島村髙嘉・中島真志『金融読本（第30版）』（2017）東洋経済新報社，川本裕子『金融
　　　機関マネジメント』（2015）東洋経済新報社より筆者作成。

【参考文献】

青島矢一・加藤俊彦『競争戦略論』（2003）東洋経済新報社

安部義彦・池上重輔『日本のブルー・オーシャン戦略』（2008）ファーストプレス

池尾和人『連続講義・デフレと経済政策』（2013）日経BP

池尾和人『現代の金融入門（新版）』（2010）筑摩書房

池尾和人『銀行はなぜ変われないのか』（2003）中央公論新社

池上重輔「保険業界におけるブルー・オーシャン戦略の検証－ソニー生命とライフ　ネット社の事例から－」（2011）早稲田大学WBS研究センター　早稲田国際経営研　究 No.42

石井淳蔵・奥村昭博・加護野忠男・野中郁次郎『経営戦略論』（1996）有斐閣

伊丹敬之『経営戦略の論理（第3版）』（2003）日本経済新聞社

伊丹敬之『日本型コーポレートガバナンス』（2000）日本経済新聞社

伊丹敬之・加護野忠男『ゼミナール経営学入門（第3版）』（2003）日本経済新聞社

内田浩史『金融』（2016）有斐閣

岡崎哲二『経済史から考える　発展と停滞の論理』（2017）日本経済新聞出版社

小川紘一『オープン＆クローズ戦略（増補改訂版）』（2015）翔泳社

翁百合・柳川範之・岩下直行『ブロックチェーンの未来』（2017）日本経済新聞出版　社

小倉榮一郎『近江商人の理念－近江商人家訓撰集－」（2003）サンライズ出版

加護野忠男・井上達彦『事業システム戦略』（2004）有斐閣

加護野忠男『〈競争優位〉のシステム』（1999）PHP研究所

川本裕子『金融機関マネジメント』（2015）東洋経済新報社

クレイトン・クリステンセン（著），玉田俊平太（監修），伊豆原弓（訳）『イノベー　ションのジレンマ」（2001）翔泳社（"The Innovator's Dilemma: When New　Technologies Cause Great Firms to Fail"（1997），Harvard Business Review　Press）

クレイトン・M・クリステンセン，ダディ・ホール，カレン・ディロン，ディビッ　ド・S・ダンカン（著），依田光江（訳）『ジョブ理論』（2017）ハーパーコリン　ズ・ジャパン（"Competing against Luck"（2017），HarperCollins Publishers）

島村髙嘉・中島真志『金融読本（第30版）』（2017）東洋経済新報社

末永國紀『近江商人』（2000）中央公論新社

田村達也『コーポレート・ガバナンス』（2002）中央公論新社

W・チャン・キム／レネ・モボルニュ（著），有賀裕子（訳）『ブルー・オーシャン・　シフト』（2018）ダイヤモンド社

W・チャン・キム／レネ・モボルニュ（著），入山章栄（監訳），有賀裕子（訳）『（新　版）ブルー・オーシャン戦略』（2015）ダイヤモンド社

中島真志『アフター・ビットコイン』（2017）新潮社

永野健二『バブル』(2016) 新潮社

中原淳『働く大人のための「学び」の教科書』(2018) かんき出版

根来龍之『プラットフォームの教科書』(2017) 日経BP

野口悠紀雄『戦後日本経済史』(2008) 新潮社

野中郁次郎・竹内弘高（著），梅本勝博（訳）『知識創造企業』(1996) 東洋経済新報社

野中郁次郎・紺野登『知識創造経営のプリンシパル』(2012) 東洋経済新報社

野中郁次郎・遠山亮子・平田透『流れを経営する』(2010) 東洋経済新報社

野村直之『人工知能が変える仕事の未来』(2016) 日本経済新聞出版社

花崎正晴『コーポレート・ガバナンス』(2014) 岩波書店

ピーター・F・ドラッカー（著），上田惇生（編訳）『マネジメント【エッセンシャル版】』(2001) ダイヤモンド社

マイケル・E・ポーター（著），土岐坤・中辻萬治・小野寺武夫（訳）『競争優位の戦略』(1985) ダイヤモンド社（Michael E. Porter "Competitive Advantage" (1985) The Free Press）

マイケル・E・ポーター（著），土岐坤・中辻萬治・服部照夫（訳）『競争の戦略（新訂版）』(1995) ダイヤモンド社（Michael E. Porter "Competitive Strategy" (1985) The Free Press）

前田裕之『ドキュメント銀行』(2015) ディスカヴァー・トゥエンティワン

松尾豊『人工知能は人間を超えるか』(2015) KADOKAWA

リンダ・グラットン／アンドリュー・スコット（著），池村千秋（訳）『LIFE SHIFT（ライフ・シフト）』(2016) 東洋経済新報社（Lynda Gratton, Andrew Scott "The 100-Year Life" (2016), Bloomsbury Information Ltd）

T・レビット（著），ハーバード・ビジネス・レビュー編集部（訳）「（新訳）マーケティング近視眼」ハーバード・ビジネス・レビュー2001年11月号「T. レビット マーケティング論」所収，ダイヤモンド社

索　引

■数字・欧字■

2つの仲介 …………………………… 57
4つのP …………………………… 139
5つの競争要因分析 ……………… 96
LIFE SHIFT ………………………… 92
SPC ……………………………………… 75

■あ 行■

アンゾフの成長マトリクス ………… 153
イノベーションのジレンマ ………… 132
失われた20年 ……………………… 86
内なる国際化 ……………………… 73
オーバーエクステンション ……… 155
オフバランス化 …………………… 75

■か 行■

格付機関 …………………………… 46
貸し手責任 ………………………… 86
カスタマーディーラー …………… 71
株式持合 …………………………… 79
間接金融 …………………………… 44
企業ドメイン ……………………… 35
規模の経済性 ……………………… 108
金融仲介機能 ……………………… 56
クロスSWOT ……………………… 152
経営理念 …………………………… 26
経験効果 …………………………… 109
傾斜生産方式 ……………………… 83
コーペティション ………………… 103
コーポレート・ガバナンス ……… 77
顧客価値 …………………………… 141
顧客の創造 ………………………… 43

■さ 行■

国際業務 …………………………… 72
コスト・リーダーシップ戦略 ……… 136
護送船団方式 ……………………… 90
コモディティ商品 ………………… 137

差別化戦略 ………………………… 136
三方よし …………………………… 158
事業定義 …………………………… 35
資金決済機能 ……………………… 64
資金不足主体 ……………………… 23
資金余剰主体 ……………………… 23
市場業務 …………………………… 71
支店決裁 …………………………… 70
受信業務 …………………………… 70
情報的資源 ………………………… 49
情報の集約・整合機能 …………… 60
情報の非対称性 …………………… 60
人工知能（AI） …………………… 118
信用創造 …………………………… 63
スイッチングコスト ……………… 106
ストラクチャードファイナンス ……… 75
製品価値 …………………………… 141
ゼロサムゲーム …………………… 103
先義後利 …………………………… 158
戦略キャンバス …………………… 143
戦略的価値 ………………………… 101
相乗効果 …………………………… 150
相補効果 …………………………… 150

■た 行■

退出障壁 …………………………… 101
直接金融 …………………………… 44

貯蓄から投資へ………………………51
作り手発想…………………………141
提案営業……………………………65
ディープラーニング………………118
テラー職員…………………………131
投資銀行……………………………74
ドラッカー…………………………42
取引コスト…………………………60
トレイサビリティ…………………129

■な 行■

内部管理モデル……………………91

■は 行■

バブル経済…………………………84
範囲の経済性………………………151
非中央集権的第三者機関…………127
ファミリービジネス………………93
フィンテック………………………117
フォーカス戦略……………………137
付加価値の創造……………………48
不確実性のプール…………………60
物的経営資源………………………48
プラスサムのゲーム………………103
不良債権……………………………90

ブルー・オーシャン戦略…………143
ブロックチェーン…………………127
プロップディーラー………………71
分散型記帳システム………………127
補助的サービス……………………139
本源的価値…………………………139
本部決裁……………………………70

■ま 行■

マーケティング・マイオピア………38
マネーロンダリング………………129
メインバンク………………………78
目利き………………………………43
モニタリングの必要性……………60

■や 行■

与信業務……………………………69

■ら 行■

ラストリゾート……………………65
利害関係者…………………………49
流通連鎖の実現……………………59
利用者発想…………………………141
リレーションシップバンキング………91
ロボットによる業務自動化（RPA）‥123

【著者紹介】

階戸照雄（しなと・てるお）

日本大学大学院総合社会情報研究科研究科長，教授。日本大学博士（国際関係）。
専攻：ファミリービジネス，経営戦略，財務会計。資格：米国公認会計士，CFP®ほか。
1978年大阪外国語大学（現・大阪大学）卒業，富士銀行（現・みずほフィナンシャルグループ）入行，海外業務（ロンドン支店・パリ支店），市場業務（資金為替部）等を経る。社費留学中，パリ政治学院 CEP，INSEAD MBAを取得。2003年朝日大学経営学部教授，2006年日本大学大学院総合社会情報研究科教授，2012年同研究科長となり，現在に至る。

加藤孝治（かとう・こうじ）

日本大学大学院総合社会情報研究科教授。日本大学博士（総合社会文化）。
専攻：流通論，経営戦略，経営組織，ファミリービジネス。資格：日本証券アナリスト協会検定会員。
1988年京都大学経済学部卒業，日本興業銀行（現・みずほフィナンシャルグループ）入行，支店業務，本店での大企業向け融資業務のほか，産業調査業務を経験。在職中に日本大学大学院総合社会情報研究科博士後期課程修了。2015年目白大学経営学部教授，2019年日本大学大学院総合社会情報研究科教授となり，現在に至る。

これからの銀行論──勝ち残る銀行員の必須知識

2019年10月10日　第1版第1刷発行

著　者　階　戸　照　雄
　　　　加　藤　孝　治
発行者　山　本　　　継
発行所　㈱中央経済社
発売元　㈱中央経済グループ
　　　　パブリッシング

〒101-0051　東京都千代田区神田神保町1-31-2
電　話　03 (3293) 3371 (編集代表)
　　　　03 (3293) 3381 (営業代表)
http://www.chuokeizai.co.jp/
製版／三英グラフィック・アーツ㈱
印刷／三　英　印　刷　㈱
製本／㈲井　上　製　本　所

© 2019
Printed in Japan

＊頁の「欠落」や「順序違い」などがありましたらお取り替えいたしますので発売元までご送付ください。（送料小社負担）

ISBN978-4-502-31071-3　C3034

JCOPY〈出版者著作権管理機構委託出版物〉本書を無断で複写複製（コピー）することは，著作権法上の例外を除き，禁じられています。本書をコピーされる場合は事前に出版者著作権管理機構（JCOPY）の許諾を受けてください。
　JCOPY〈http://www.jcopy.or.jp　e メール：info@jcopy.or.jp〉

ベーシック＋プラス
Basic Plus

いま新しい時代を切り開く基礎力と応用力を兼ね備えた人材が求められています。
このシリーズは，各学問分野の基本的な知識や標準的な考え方を学ぶことにプラスして，一人ひとりが主体的に思考し，行動できるような「学び」をサポートしています。

ベーシック＋専用HP

教員向けサポートも充実！

中央経済社